# スクールカウンセリングに活かす描画法
## ――絵にみる子どもの心

高橋依子　監修
橋本秀美　著

金子書房

# 序　文

　近年，学校ではさまざまな心の問題が増加し，児童・生徒・学生たちは多様な悩みを抱いていたり，障害をもっていたりする。子どもたちを適切に教育しようとする教師は，個々の子どもの心の状態を理解し，それを日々の教育場面にいかそうとしている。そして心理の専門家として，各学校に配置されたスクールカウンセラーも，教師とともに考え行動して，子どもたちの心に向きあうだけでなく，子どもたちに，直接，心理学的援助を行ったりする。子どもたちがさまざまな心の問題を解決し，精神的健康を回復するのを援助するためには，スクールカウンセラーも教師も，まず子どもたちの心を理解しなければならない。しかし，子どもたちはいつも言葉で，自分の思いを語ってくれるとは限らず，心の内面に気づいているわけでもない。したがって，言葉を用いない方法によって，子どもたちの心を理解することも大切になってくる。この非言語的な方法にもさまざまなものがあるが，なかでも「絵」は子どもたちの心の状態が表れ，一人ひとりのパーソナリティが表現されるので，描かれた絵を通して，子どもが気づいていたり気づいていない心の状態を理解でき，一人ひとりのパーソナリティに合わせた援助の方法を行う手がかりとなる。

　学校の中では対人関係の問題から不安定な精神状態になったり，不登校になったりする児童・生徒や，発達の問題をもっている児童・生徒もいる。言葉だけでは伝えられない心の状態を，絵を通して理解して，教育の場における情緒障害児や発達障害児の支援につなげていくことも必要である。さらに教育の場でも，心理臨床場面と同じように，絵を描く方法を有効に活用できることは多い。教育や臨床の場で絵を用いるときは，子どものパーソナリティの理解を主な目的とする心理査定のための描画テストとして用いる場合と，具体的な支援のための心理療法である描画療法・絵画療法・アートセラピーとして用いる場合がある。しかし描画テストと描画療法は明確に区別されるものではない。

　描画テストとして子どもが絵を描くとき，心理的な成熟度，社会適応の程度，対人関係のもち方，個人の欲求・感情・認知の仕方などの特徴，自己認知などの多くのパーソナリティ特徴が明らかになり，援助の方針を立てるための査定の情報となる。それとともに，描画テストとして絵を描き，スクールカウンセラーや教師と話しあうことで，心のふれあいが促進され，気持ちを絵に表現することがカタルシスとなって子どもの気持ちが安定し，気づかなかった自分を知る自己洞察の契機となるように，それ自体が心理療法として機能することも多い。逆に，心理療法として描いた絵から，子どもが話せなかった心の内面や，本人自身が気づいていない気持ちが明らかになったり，心理療法の効果が評価できたりして，心理査定として役立つこともある。

　ところで子どもの心の状態の理解にあたり，短時間に多くの情報が得られ，結

果を客観的に把握して援助の方法を考えるために，多くの心理テストがみられる。絵を描くことが心理テストとなるのは，どのような絵を，どのように描き，描かれた絵の意味をどう理解するかを，主観的な思いつきからではなく，一定の基準によって客観的に行える場合である。心理テストというと，一部には誤解があり，その実施に抵抗があるときでも，描画法は子どもたちが喜んで描くことが多く，心理テストとしての侵襲性も少ないといえる。監修者も病院だけでなく学校でも描画テストを実施してきた。

　しかし学校では病院などと違って，改まった査定の時間や，心理テストの時間を設定することはむずかしく，心の問題をもつ個々の子どもとの話しあい（面接）の場面で，心理査定として描画テストを実施したり，カウンセリング場面で描画を心理療法のひとつとして用いたりしている。近年，重要となっているスクールカウンセリングの場でも描画法は非常に重要な役割をになっている。スクールカウンセラーが描画法を用いるときは，とくに理解したいパーソナリティの側面や心の状態を配慮して，適切な課題によって絵を描いてもらい，それを子ども自身の心理的成長に役立たせ，教育場面に役立てようとしている。

　本書はスクールカウンセリングの場で実際に用いられた描画テストについて書かれた書物であり，主に，バウムテスト，動的家族画，動的学校画の事例が述べられている。子どもたちの本質的な心の状態を理解し，さらに，家族の認知を知り，学校への思いを知ることで，適切な支援の方策を検討することができる。学校を描くことを課題とすると，言葉では学校のことを直接語ることはできなくても，その場面に，友人との関係，教師への思い，自分の行動の仕方などが表出される。かつて教師としてのご経験もあった著者の橋本秀美先生は，長年にわたりスクールカウンセラーとして，さまざまな問題や障害を抱えた子どもたちの援助をご自身が行ってこられただけでなく，多くのスクールカウンセラーを指導され，さらに大学教授としてスクールカウンセラーの養成に努力しておられる。橋本先生は本書で，スクールカウンセリングの場において，使いやすい描画テストの実施法と，そのテストでとらえられるものについて，多くの文献をもとに，明確な記述をされている。II部の実際の事例は，橋本先生の長年の心理臨床活動の記録である。

　本書によって，スクールカウンセリングが実り多いものになっていけば幸いである。

　　　2009年8月1日

　　　　　　　　　　　　　　　　　　　　　　　　　　　　　　　高橋依子

# はじめに

　本書をまとめるにあたってのなによりの願いは，描画法が子どもの心の理解や援助のための有効な一つの方法として，スクールカウンセリングでもっと広く活用されることである。描画法は適切に用いることにより，描き手の感情や欲求，あるいは言葉で表現しにくい内容を理解するための有効な心理技法となる。描画者のパーソナリティや，描画者自身が気づいていない感情や欲求の理解にもつながる。とくに，子どもの心理的危機や変化の兆しが描画のなかでサインとして伝えられることで，問題の早期発見や早期対応にもつながる。こうして得られた子どもについての情報を学校現場においてカウンセラーと教員とが共有し，学校教育活動全体での子ども支援へとつなげていけるのである。

　一方，描画法には標準化などの面での課題も残っており，ともすれば主観的になったり安易な誤った使用になったりする可能性がないとはいえない。しかし，正しく適用するための実施法や解釈について学習する機会はあまりにも少なく，一人ひとりの日々の研鑽に頼るところが大きいという現実がある。そこで，筆者のこれまでの実践から得られたことを少しでも心理学の実践家の方々にお役立ていただけるのであればという思いから，本書の刊行を試みたしだいである。

　本書では，描画法のなかでも，バウムテスト，動的家族画，動的学校画を中心にとりあげている。バウムテストは，描画者のパーソナリティの比較的深層にある部分を反映してくれること，樹木という身近な課題が抵抗なく描きやすいことなどの理由から，スクリーニングの一つとして実施されることが多い。スクールカウンセリングを中心とした子どもの臨床では，子どもの口から自分自身のことや家族の問題を語ることは難しいこともある。それは言葉やコミュニケーションも含め人格形成において発達途上にあるということもあるが，たとえば不登校や学校不適応の子どもたちは，家族やとくに学校について語ることが困難な場合も多い。こうしたなかで，言葉で語れない（語らない）子どもが，絵という媒体を通して心の状態を表出することは，カウンセリングの過程での子どもの自己理解やその変容への手がかりにもなる。家族の絵から家族像が，さらに学校の絵を組み合わせることで子どもの全体像が，みえてくる。

　著者の臨床的姿勢としては，バウムテストについては，コッホのバウムテストとボーランダーの樹木画を基盤に，できるだけ多くの先行研究を取り入れて，柔軟な視点で総合的な解釈を行っている。実施方法はコッホのバウムテストの「実のなる木を1本描いてください」という教示に従って実施している。木の象徴解釈についてはアヴェ-ラルマンの解釈などを，心理学的サインについてはストラの心理学的サインなどを，それから思弁的な解釈を除外したボーランダーの「指標」などを参考にしながら，さらに総合的に分析的な立場から解釈している。絵の「感じ」を大切にしながら，絵を客観的に分析し，絵から得られたことを全体

像としてまとめていくという作業を行っている。児童青年期から老年までの発達段階ごとの適用，非行や犯罪者臨床などでの適用，病院など精神科臨床での適用など，事例の様相は多様であるが，本書では児童青年期を中心に扱っている。

　スクールカウンセリングをはじめとする学校臨床でのできるだけ多くの方法や多様なケースあるいはその解釈を示そうとしたが，それは事例における描画の解釈が決して一対一で対応できる限定されたものではないと理解していただくためである。むしろ読者には，個々の臨床的立場やアプローチから，豊かに読み解いていただきたいと考えた。そのため「Ⅱ部　事例」に本書の半分以上を割き，絵を解釈するための注目点の定式化を試み，初心の分析家やカウンセラーが投影法の一つとしての描画法に慣れ親しむのを助けるのを意図した。つまり，絵の中で私たちの注目点となるものをできるだけ多く提示した。心の状況を読みとるには，多くの注目点とそれらの特徴の組み合わせを考慮する必要がある。「Ⅱ部　事例」は，Part 1 ではアセスメントを主たる目的としたもの，Part 2 では主に心理療法として適用されたもの，と大別している。アセスメント事例はクライエントの年齢順に，心理療法としての事例は筆者の心理臨床活動のほぼ年代順に，事例を並べている。こうして振り返ってみると，絵を見ることで著者はその事例の経緯をほとんど瞬時に思い出すことができることに驚いた。それだけ絵は描き手にとっての魂の表現であると同時にセラピストにとってもクライエントに寄り添い共有した存在そのものなのかもしれない。

　描かれた作品の一つひとつは個別性を備えている。そして，描画はあくまでも診断や治療を行ううえでの補助的な手段であり，全体の一部であり，それは手助けになっても臨床家に代わるものではない。絵の解釈を行う際のセラピストの主観的要素は，そのセラピストに固有のものであり，クライエントもセラピストも，二人として同じ者はいない。長年臨床経験を積むなかで，初心の頃のような独断的な解釈は薄れてくるという臨床家の声をよく聞く。著者自身もそのように感じることがある。本書で，著者が提示する素材について，読者は異なった見方や解釈をし，ときには異議を唱えるかもしれない。そうした相互交流をも楽しみたい。

　最後になったが，甲子園大学教授・高橋依子先生には本書の監修をお引き受けいただき，執筆中には始終あたたかくお励ましいただいた。とくに理論面での記述をていねいにお目通しいただきご助言くださったことに深く感謝している。

　なお，紹介した事例については，プライバシー保護の理由から，複数の事例を組み合わせたり，その事例のもつ本質的な問題と変化の様子を損なわない程度に改変したりすることによって，実際の状況とは多少異なるように配慮し，原事例の事実とは異なるかたちをとっていることを申し添えておきたい。

2009年 8 月 1 日

橋本秀美

# 目　次

序　文 ………………………………………………………………高橋依子　i
はじめに ……………………………………………………………橋本秀美　iii

## Ⅰ部　描画法の基礎知識

### 第1章　描画法の展開 ……………………………………………………2
#### 第1節　臨床場面で用いる描画法 …………………………………2
1．描画法とは何か（2）　2．描画テストの種類と適応（2）
#### 第2節　描画法の変遷 ………………………………………………3
1．人物像を中心とした描画（3）　2．樹木を取り入れた描画（5）
#### 第3節　描画テストの理論と解釈 …………………………………6
1．描画テストの理論（6）　2．描画テストの解釈（8）

### 第2章　描画法の実施 ……………………………………………………10
#### 第1節　基本的な共通事項 …………………………………………10
1．用意するもの（10）　2．時間と場所（10）　3．共通に使われる教示（11）
#### 第2節　人物画の実施 ………………………………………………11
#### 第3節　家族画，動的家族画（KFD），動的学校画（KSD）…………12
1．家族画（12）　2．動的家族画（KFD）（12）　3．動的学校画（KSD）（16）
4．家族・学校動的描画システム法（17）
#### 第4節　バウムテスト（樹木画）……………………………………20
#### 第5節　HTP法，K-HTP法 ……………………………………………22
1．HTP法の実施法（22）　2．K-HTP法の実施法（23）

### 第3章　スクールカウンセリングにおける描画法 ……………………24
#### 第1節　心理テストとしての利用 …………………………………24
1．実施のポイント（24）　2．テストの解釈で大切なこと（25）　3．描画者の防衛（25）　4．描画テストの限界と効用（26）
#### 第2節　心理療法における利用 ……………………………………26
1．描画を用いた心理療法（26）　2．心理療法での留意点（26）　3．描画法を避けたほうがよい場合（28）
#### 第3節　描画におけるPDI ……………………………………………29
#### 第4節　スクールカウンセリングの現状 …………………………30
1．スクールカウンセラー事業の経緯（30）　2．スクールカウンセラーの活動（30）

## Ⅱ部　事　例

### Part 1　アセスメントの一手法としての描画法 ……………………36

| | | |
|---|---|---|
| アセスメント事例1 | アスペルガー障害のヒカルと養育放棄を訴えた母親（小学生） | …36 |
| アセスメント事例2 | 自閉傾向をともなうADHDを抱えたリクト（小学生） | …38 |
| アセスメント事例3 | 問題行動の背景にADHDが隠れていたジュン（中学生） | …41 |
| アセスメント事例4 | 学習困難やてんかん発作を抱えるマコトと両親（中学生） | …44 |
| アセスメント事例5 | 小学3年生から不登校を繰り返したシオリ（中学生） | …47 |
| アセスメント事例6 | 家が全焼した後，心身の不調が現れたタロウ（中学生） | …50 |
| アセスメント事例7 | 登校途上に変質者に刃物で傷つけられたアカネ（中学生） | …53 |
| アセスメント事例8 | 両親の離婚から情緒が混乱した不登校のタカシ（中学生） | …56 |
| アセスメント事例9 | 性同一性障害を訴え学校を休みはじめたトモコ（中学生） | …58 |
| アセスメント事例10 | 自分の存在感が得られず不登校になったタイヨウ（中学生） | …60 |
| アセスメント事例11 | 教室で騒ぐ男子と隣席で，不登校になったシホ（中学生） | …63 |
| アセスメント事例12 | 弟の死以降，歩けなくなったイチロー（中学生） | …66 |
| アセスメント事例13 | 情緒の混乱するヒナタとアダルトチルドレンの母親（中学生） | …69 |
| アセスメント事例14 | 腹痛や頭痛を訴え続けた不登校のアユミ（中学生） | …72 |
| アセスメント事例15 | 起立性調節障害で午前中登校できないナオキ（中学生） | …75 |
| アセスメント事例16 | 給食の偏食を叱責され不登校になったテッペイ（中学生） | …78 |
| アセスメント事例17 | 社会不安や不安障害を疑われる長期不登校のタダシ（中学生） | …81 |
| アセスメント事例18 | 校内暴力から男子が怖くて不登校になったオトハ（中学生） | …84 |
| アセスメント事例19 | 中学でいじめにあい長期不登校になったヨシコ（高校生） | …86 |
| アセスメント事例20 | 自己臭恐怖でクラスにいるのが怖くなったワカナ（高校生） | …88 |
| アセスメント事例21 | 小学3年生からの場面緘黙で高校入学したマサオ（高校生） | …91 |
| アセスメント事例22 | 病院でのうつ病の診断に疑問をもったハナコ（高校生） | …94 |
| アセスメント事例23 | 不登校を抱えられない家族からのアキオの自立支援（高校生） | …97 |
| アセスメント事例24 | 火災から悪夢や恐怖を訴え不登校になったアンナ（高校生） | …100 |
| アセスメント事例25 | あと1時間欠席で留年の危機に立ったシノブ（高校生） | …103 |
| アセスメント事例26 | いじめ体験が想起され不登校になったミサキ（大学生） | …108 |
| アセスメント事例27 | 中学でのいじめ体験から短大に通えなくなったシズカ（大学生） | …110 |
| アセスメント事例28 | 対人関係が苦手な自分に合う進路に変更したモエ（大学生） | …113 |
| アセスメント事例29 | ピアノの適性に悩み，退学と就職を考えたサユリ（大学生） | …116 |
| アセスメント事例30 | 家族との絆が得られず自立を決意し家を出たサトミ（大学生） | …119 |

## Part 2　心理療法やカウンセリングの過程での描画法　……122

| | | |
|---|---|---|
| 事例1 | 強迫行動や身体化症状に悩む不登校シュンの自己変容過程 | …122 |
| 事例2 | 摂食障害や大学での適応困難に苦悩したミキ | …130 |
| 事例3 | 事故による中途障害の受容と生き方探しに苦悩するアズサ | …141 |
| 事例4 | 対人関係困難や神経症状を訴え続けた不登校のアイ | …148 |
| 事例5 | 反社会的行動を繰り返した不登校のリョウコ | …155 |

参考・引用文献　………165

# Ⅰ部　描画法の基礎知識

　Ⅰ部では，描画法とは何かについて基本的な知識をまとめる。
　第1章では，臨床に使用されてきた主な描画法とその発展の経緯を紹介する。そのうえで，描画テストの基礎理論と解釈について述べる。第2章では，人物画，家族画，動的家族画，動的学校画，バウムテスト（樹木画），HTP法，K-HTP法など主な描画法について，実施の手順とそこから何がわかるかについて解説する。最後に第3章では，スクールカウンセリングにおいて描画法がどのように適用されているかを，心理テストと心理療法としての意義を中心に解説する。また，スクールカウンセラーが学校教育の場面でどのような役割を果たすことができるのかにもふれる。

# 第1章　描画法の展開

## 第1節　臨床場面で用いる描画法

### 1．描画法とは何か

　描画法についてはさまざまな定義が試みられてきているが，著者は，端的にいえば，描画を素材とした心理テストや心理療法であると考えている。用紙と鉛筆さえあれば，技法を理解した実施者にとって描画法は即座に実施できる便利なものである。そして，描かれた絵には描画者の心の状態がいきいきと映し出され，描画者を理解するための豊かな情報が盛り込まれている。一方，実施する側にとっても負担が少なく，教育，医療，福祉，産業などの現場で広く利用されている。
　描画法が有用であると考える理由をいくつかあげてみたい。
　まず，①幅広い年齢層に使用できることである。絵を描きはじめる年齢に達した子どもから適用の対象となり，まさに幼児から高齢者にまで実施できる。また，②言語機能に障害をもつ者，統合失調症などの病理的な理由から言語による意思疎通が困難な者，あるいは日本語が十分習得できていない外国人などに対して，言語以外の手段での表現を可能にしている点である。実施する側から考えると，③テスト用紙などの準備がいらず，機を逃さずに比較的簡単に実施でき，テストによる侵襲性も高くないことが考えられる。描画者の側からも，④たとえ子どもであっても嫌がらずに描いてくれるなど，抵抗や防衛の少ないことがあげられる。実施の形態としては，⑤個別の対応が基本であるものの工夫をすれば集団でも実施できるなどの応用性が考えられる。
　しかし，このように実施が簡単で利用度の高い技法であるゆえに，安易な使用になりがちであり，ここに描画法を使用する際の課題が生じる。個別性の高い技法であるだけに標準化が十分とはいえず，ともすれば読みとりや解釈が主観的になったり印象だけに頼ったりすることになりがちである点にも留意が必要である。
　著者は，初心の読者の方には，まずできるだけ多くの技法を学び，それぞれの活動領域に適した技法についてはとくに重点的に学習したうえで，恐れずに経験を積んでいただきたいと願っている。技法を十分習熟して百人百様のクライエントにもっとも適した描画技法を選択して使用できるようになることが望ましい。

### 2．描画テストの種類と適応

　描画テストは，教示の仕方によって主として模写型，課題画，自由画の3つの

タイプに分けられる。模写型の代表的なテストにはベンダー・ゲシュタルト・テストがあげられるが，詳しくは触れない。課題画には，家族画（動的家族画），学校画（動的学校画），人物画，HTP法（K-HTP法），風景構成法，バウムテスト（樹木画）などがある。自由画とは課題を与えないで実施する方法である。

描画テストを標準化された心理テストとして用いる場合には，課題画が用いられる。課題画は明らかにしたいパーソナリティの側面に合わせた課題を与えて絵を描かせる方法であり，以下にはこの課題画を中心に述べていく。

描画法の心理テストとしての応用は，グッドイナフ（Goodenough, 1926）が人物像を課題として取り上げたことに始まる。一方の心理療法としては，1940年代にナーンバーグ（Naumburg, M.）がクライエントの描いた絵を洞察手段として用いて自由連想を促し，解釈を行ったことが始まりである。ナーンバーグ（Naumburg, 1966）は，絵画や造形などをとりいれることにより精神分析の場における言語化がより促進されることを指摘し，クライエントが自由に描いた「なぐり描き」から絵を完成させていく手法としてなぐり描き法（scribble technique）を開発した。

心理テストとしても心理療法としても用いられる描画法であるが，実際には実施の意図を厳密には分けられるものではなく，アセスメントの手段として使用しながらも治療的な効果につながることもあれば，その逆の場合もありうる。どちらか一方に意識が向きすぎてもうまくいかない場合があるので，心理臨床家には常にその両方の視点が求められている。

なお，心理テストとして利用する際には，あくまでも診断の補助的なテストの一つとして用いられるものであることを忘れてはならない。描画法だけで医学的な確定診断や発達障害の有無を判断することはできないのである。精神疾患や発達障害などの正確なアセスメントを行うには，複数の心理テストを適切に組み合わせ，効果的でクライエントに負担の少ないテスト・バッテリーを組むことが求められる。個々の描画者に対する検査者やセラピストの役割をよく理解し，適切な選択にそって実施することが望まれる。

## 第2節 描画法の変遷

### 1．人物像を中心とした描画
#### (1) 人物画
#### 1）知能検査として

1926年，グッドイナフ（Goodenough, F. L.）は人物画による知能の測定法を発案した。これが発端となり，人物画による知能検査が発展する。日本では，小林重雄によって1977年に刊行された『グッドイナフ人物画知能検査ハンドブック』（三京房）に詳述されている。これは描かれた人物の部分を，目，口，鼻，眉，耳，顔の輪郭，首，胴体，腕，手，指，足などについて検討し，どの程度正

確に描かれているのかを測定するものであり，幼児から9歳くらいまでの子どもに有効性が認められ，臨床で広く用いられている。

グッドイナフの人物画テストは，その後1963年にハリス（Harris, D. B.）によって改訂された。彼は児童期から青年期の人物画の標準的な発達について研究し，描画の成熟度と知的発達を関連づけて検討した。この後にもさらに他の標準知能テストとの関係を検討した多くの研究が報告されるようになった。

### 2）パーソナリティの測定として

グッドイナフやハリスが人物画を知能の測定を目的に発展させたのに対し，マコーバ（Machover, K.）は，パーソナリティの測定・評価としての人物画検査法（Drawing a Person Test；DAP）を発展させた。1949年に，描画者の情緒的な側面を理解する手段として，人物画への自己投影の解釈にもとづいた『人物像描画におけるパーソナリティの投影 "Personality Projection in the Drawing of the Human Figure"』を発表したのがその先駆けとされる。これは精神分析的なアプローチにより，自己像的な要素，描線の特徴，描画の大きさ，人物の位置などについて，象徴的な意味と構造的な意味の二つの視点から解釈していく方法である。さまざまな改良が加えられながら，今日では投影法を代表する心理テストの一つとして知られている。

### 3）発達的なアセスメントとして

発達的なアセスメントにおける描画法の展開には，コピッツ（Koppitz, 1968），ケロッグ（Kellogg, 1969），ディ・レオ（Di Leo, 1970）などによるパーソナリティ検査法としての人物描画の研究が果たした役割が大きい。なかでもコピッツによる人物描画法の発達的，投影的観点をふまえた得点法と分析法は，広く普及した。ディ・レオ（Di Leo, 1973）は，描画能力の発達過程は，時代や社会に関わらず人類共通であるとし，描画のなかでも年少児がもっとも親しみやすく実施が容易なものは人物像であるとしている。

## (2) 家族画から動的家族画・動的学校画への広がり

### 1）家族画

1人の人物像を描くことによる人物画テストに対し，複数の人物像を描くことによって人格の投影をみる方法がアペル（Appel, 1931）によって考案され，その後ウォルフ（Wolff, 1949）によって展開が試みられた。さらに初めての家族画として，家族描画法（Drawing A Family：DAF）がハルス（Hulse, 1952）によって発表されるに至る。これは家族成員間の心理的な葛藤が描画に具現化されると理解する方法である。その後，ディ・レオ（Di Leo, 1970）やレズニコフとレズニコフ（Reznikoff & Reznikoff, 1956）なども家族描画法の研究を行っている。

### 2）動的家族画

人物画や家族描画法では，静的で形式的な描画になりがちで家族間の相互作用のない肖像画として描かれることが多かった。これらの問題を解決するために，

バーンズとカウフマン（Burns & Kaufman, 1970, 1972）は，ハリス（Harris, 1963）の家族画の教示に動的要素を加味した動的家族画（Kinetic Family Drawing：KFD）を確立した。それまでの静的な描画に力動性が加わり，動的家族画には質量ともに情報が増した。日本では，バーンズとカウフマンの著書 *"Actions, Styles and Symbols in Kinetic Family Drawings"* が1975年に加藤孝正らによって『子どもの家族画診断』（黎明書房）として翻訳された。その後，日比（1986）をはじめ，数多くの研究がなされている。

### 3）動的学校画

プラウトとフィリップス（Prout & Phillips, 1974）は，児童に動的描画法を用いた研究を行い，学校に関わる人物（自分，先生，友だち）が何かを行っているところを描かせる動的学校描画法（Kinetic School Drawing：KSD）の考案につながった。この動的学校描画法（KSD）では，描画者に学校の様子を描いてもらうことで，学校成員内の葛藤の考察を試みた。1985年には，ノフとプラウト（Knoff & Prout, 1985）が，動的家族画（KFD）に動的学校画（KSD）をシステムとして用いる方法（Kinetic Drawing System for Family and School）を発表している。

## 2．樹木を取り入れた描画

### (1) バウムテスト（樹木画）

バウムテストは木を描かせるテストである。描かれた木には自己像が投影されているとされ，その特徴から描画者のパーソナリティの把握を試みる。

1928年，スイス人のエミール・ユッカー（Jucker, E.）が心理診断の補助的な目的でバウム（樹木）を描くことを提唱した。その後，同じくスイス人のコッホ（Koch, K.）が，1949年に *"Der Baumutest"* として樹木画の診断的な使用法をまとめ，「実のなる木」を描かせる心理テストとしてのバウムテストへと発展させた。その後，ボーランダー（Bolander, 1977）が，「木を1本」描かせる樹木画による解釈システムを提唱し，解釈のうえでめざましい発展をみた。日本には1970年に林勝造らによるコッホの英訳書からの翻訳書『バウム・テスト――樹木画による人格診断法』（日本文化科学社）で紹介され，臨床心理や発達の分野において，使用されはじめた。

バウムテストは教示の簡便さや結果が迅速に得られるなどの特徴がある。標準化も試みられているが実証研究において解明されていない点もあり，課題が残っている。

### (2) HTP描画法（HTPP描画法）とK-HTP描画法

1948年にアメリカでバック（Buck, J. N.）がHTP法を開発し，その後わが国では高橋（1967）がHTPP法の4枚法へと発展させた。前者では，家，木，人（性別は被検者が選択する）を描かせ，後者では，家，木，人（男女各1枚ずつ）を描かせる。その後，ハマー（Hammer, 1971）が投影的描画法の臨床への適用

を試み，HTP 描画法にあらたな洞察と理解を与えた。

バックや高橋は家，木，人を別々の用紙に描かせていたが，1枚の用紙にすべての課題を描かせる方法も考案された。バーンズ（Burns, 1987）は，HTP 描画法が精神病理的な患者を対象に発展し標準化されたものであり，家，木，人を別々の用紙に描かせるために動きや相互関係が表れてこないなどの限界を指摘し，動的 HTP 法（K-HTP）を発表した。それは1枚の用紙に家，木，人をいっしょに描かせることで力動性を増し，描画から得られる情報を高めるものであった。

## 第3節　描画テストの理論と解釈

### 1．描画テストの理論

描画からのパーソナリティ理解を，発達的な側面，空間象徴，図示的コミュニケーションの視点から述べる（高橋・高橋, 1986 を参考にした）。

#### (1) 描画の発達

描画は，子どもの発達につれて，いわゆる搔画（なぐり描き）から象徴画，図式画を経て，写実画へと変化していく。それはおよそ次のような段階を経る。①搔画期（なぐり描き期，1歳半～3歳頃），②象徴期（3歳～5歳頃），③図式期（5歳～7歳頃），④写実期（8歳～9歳頃）（Di Leo, 1977 など参考にした）。一般に，この写実期に特定の人や風景を描くために必要な観察能力や描画技術が発達してくると考えられている。

グッドイナフ人物画テストでは，このような描画の発達にともなう変化をふまえて人物画によって子どもの精神年齢を測る。描画者の成熟度による描写の特徴をつかむには，発達年齢の各段階において一般的に描かれる事柄や発達理論そのものに精通していることが前提となる。描画のなかで不自然に感じられる絵の背景に，病理性や心理的な問題があるのか，発達レベルの問題なのかも見極めなければならない。

#### (2) 空間の象徴性

描画として描かれた事物以外の要素である描画像の位置，用紙の用い方などにも描画者の内面は反映される。描画者の幼児期からの両親の影響，描画者を動かす無意識の欲求，自己や外界の認知の仕方，描画時の感情状態などが象徴的に示されると考えられる（高橋, 1974）。グリュンワルドの空間図式（Koch, 1957 の改訂版／林ほか訳, 1970 で引用されている。図1）や，ボーランダーの空間図式（Bolander, 1977）が役立つ（図2，3）。

#### (3) 図示的コミュニケーションによる象徴性（描画の象徴性）

その人の欲求や感情，葛藤，認知の仕方や生活様式などが，図示的に描かれることを描画の象徴性という。これによって，描画者自身がはっきりとは意識していない心の側面が表現され，描画者が意識していることとの結びつきを知ることで，パーソナリティの全体がみえてくる。たとえば，不安定な状況を宙づりにな

った自分として描くことなどである。描画の分析には，描画のこうした象徴的な意味や描画からの情報の水準などを考慮する必要がある。

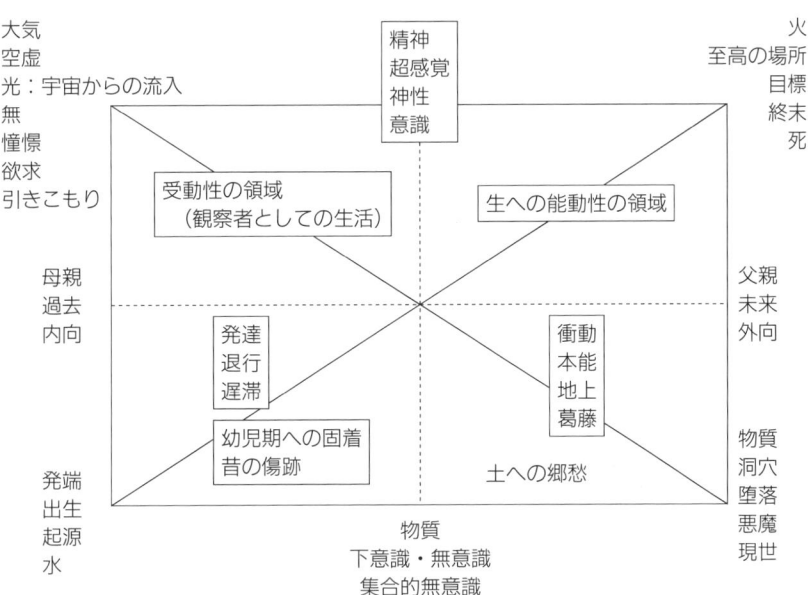

図1　グリュンワルドの空間図式

出典：C. コッホ，林勝造・国吉政一・一谷彊訳『バウム・テスト――樹木画による人格診断法』日本文化科学社，1970年

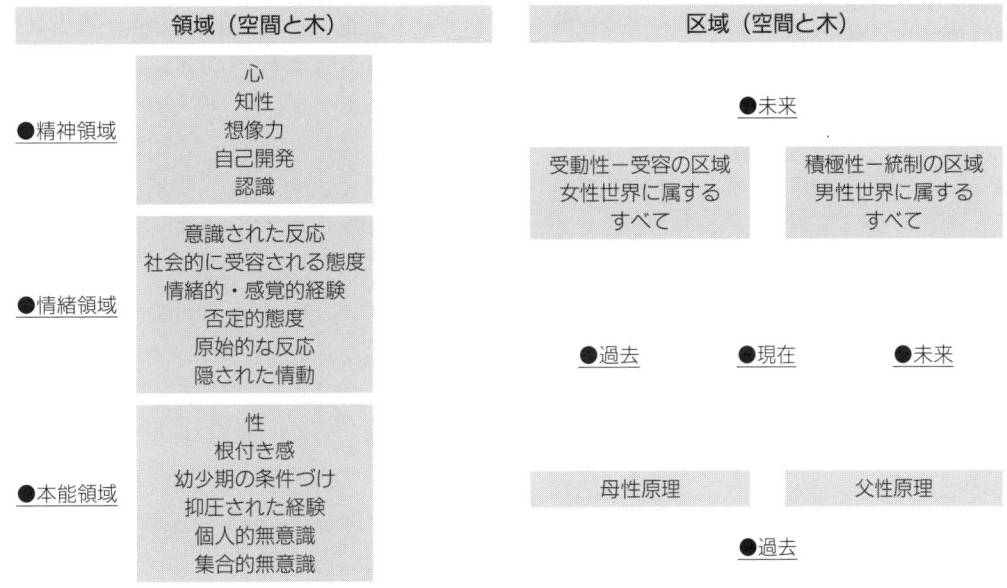

図2　領域（ボーランダーの空間図式）　　図3　区域（ボーランダーの空間図式）

出典：K. ボーランダー，高橋依子訳『樹木画によるパーソナリティの理解』ナカニシヤ出版，1999年（図2，3ともに）

## 2．描画テストの解釈
### (1) ファースの解釈理論

ファース（Furth, 1988）は，描画解釈のアプローチに大切なこととして，①絵の第一印象に注意を払うこと，②絵を構成要素へと分解してから注目すべき諸要素を決定すること，③個々の構成要素からわかった内容を総合し，この情報を全体へと組み上げること，の3点をあげた。具体的な絵を例示しながら，奇妙な点は何か，何が障害物であるのか，中心にあるものは何か，大きさ，かたちの歪み，視点，複数あるもの，陰影，エッジング，カプセル化，延長物，絵の裏側，下線づけ，消去，絵のなかの言葉，上端を横切る線，透明性，軌跡，抽象物，充実か空っぽか，木と年齢，家族画での労働場面，絵のなかに自分を移してみること，まわりの世界との比較，時季はずれ，等々を注目する点としてあげている。

### (2) 高橋の解釈理論

高橋（1974, 1986）によると，描画から心の状態を理解するためには，全体的評価，形式分析，内容分析を用いて，さらにそれらを統合的に行うこととされる。著者もこの分析に従って描画の解釈を行っている。

#### 1）全体的評価

①直観にもとづく全体的印象

描画者が何を感じ，何を伝えようとしているのかを直観的な印象で眺める。描かれた絵を批判的な見方や上手下手では評価しない。

②明らかにしていくもの

描画者の適応水準，成熟度，情緒の安定度，パーソナリティ，自我レベルなど。

③描画態度や時間

描画者の描画中の行動からは，描かれた絵と同様に重要な情報が提供される。たとえば，描画態度を観察することで動きの機敏さ，依存欲求，緊張性，衝動性，不安定性などの重要な領域に関する初期判断ができる。描画者の感情表出の一部分も検査者にとって有用である。さらに，自発的な取り組みかどうかという描画意欲や描くテンポの変化，描画時間の長さにも注目する。高橋（1967）は時間制限をしていないが，著者は必要に応じて制限することもある。

④表現形態の奇妙さ

視点が定まらないなどのパースペクティブの乱れや，複数の技法の使用，大きさの不合理な混乱，描画にこめられた秘密など表現形態のおかしさをみる。

⑤描画テーマの違和感

発想の奇抜さや了解しにくい点，強迫性，あるいはこだわりと未完成が同時に存在するなどのアンバランス，描画のテーマと内容の不一致，あるいはテーマとの強引な関連づけ，一つの着想から次々と発想が飛躍しているかどうかなどをみる。その一例として，樹木画で樹冠の葉に動物がトリックとして隠された絵を描く場合などに出会うことがある。

## 2）形式分析

　全体的評価に次いで行われる形式分析とは，描画の発達課題に関係なく，「絵をどのように描いたか」という点から分析していくことである。

　描線の筆圧では，濃いか薄いか，安定しているか不安定かなどをみる。描線の特徴（ストローク）では，安定か不安定か，連続しているか断線か，一本線かスケッチ風の線かなどをみる。描線の印象（筆使い）では，繊細さや柔らかさ，しっかりしているか鋭いかなどをみる。

　あわせて用紙の中での描かれた絵の位置をみる。グリュンワルドの空間図式やボーランダーの空間図式などが参考となる（図1～3；本書7頁参照）。描かれた絵が用紙に対して小さい場合は萎縮や自信のなさや自己否定感が，大きい場合はエネルギーの強さや自己主張などがみてとれる。描画の発達段階の視点からは，パースペクティブとして遠近法の使用，展開図，平面図，鳥瞰図などをみる。人物画や樹木画の発達段階も考慮する。

## 3）内容分析

　内容分析は描画の課題によって異なり，「絵の何を描き，何を描かなかったのか」などという点から分析する。描画の中に強調されたり無視されたりしている部分を取り上げたり，描画像の特殊な部分の存在の有無を検討していく。

　投影されているものを読みとる指標として，発達指標，病的指標，テーマとの違和感などがあげられる。さらに，描画法は実施中には言語を用いない手法であるので，絵を描き終わったら描画後の質問（Post Drawing Interrogation, Post Drawing Inquiry；PDI）を行う。さまざまな質問や会話がみられるが，著者は，絵のテーマやストーリーなど絵についての説明や感想，絵から思い出すことや連想されること，絵に込められた思いなどについて，描画者の言葉で語ってもらうことを大切にしている。

## 4）総合的解釈

　全体的評価，形式分析，内容分析の3つを考慮しながら，総合的な視点から解釈する。一つのサインが一つのパーソナリティ特徴だけに対応することは決してない。一つのサインは複数の事柄を象徴していることを考慮し，絵の全体的な様相から解釈することが重要である。問題点ばかりを強調したり，病理性だけを探索したりするのではなく，クライエントの心の健康な側面への気づきも大切である（高橋, 1997, 2007a）。

# 第2章　描画法の実施

## 第1節　基本的な共通事項

　学校臨床で著者が主に用いる描画には，人物画，動的家族画（家族画），動的学校画（学校画），バウムテスト（樹木画），HTP法，HTPP法，K-HTP法などがある。一つの評価法のみで一人の子どもの認知的な要因や情緒的な要因のすべてを総合的に判断することはできないため，できるだけ多くの評価法が必要となるが，なかでも描画法は他の技法にない特別な場や時間をもたらしてくれることから，スクールカウンセリングに適した技法の一つといえる。

　描画法の実施は，心理テストでの使用なのかカウンセリングや心理療法での使用なのかにより，描画後の質問（PDI）などが若干異なるものの，全体的な流れや教示はほぼ共通したものである。

### 1．用意するもの

　描画テストでは，テスト用紙や画材等が指定されている場合を除いてほとんどの場合，白い用紙と鉛筆と消しゴムが必要となる。

　以前はB5判の用紙を用いることが多かったが，最近は事務的な書類の規格がA4判に統一されてきた影響から，描画法でもA4判が多く用いられるようになってきている。紙材としてはケント紙や画用紙が用いられるのが一般的であり，著者は基本的にケント紙を用いている。画用紙よりもケント紙のほうが滑らかでスムーズに鉛筆がのるように思う。予算上の理由から画用紙を用いる場合もある。用紙は横向きや縦向きの使用を指定する方法もあるが，著者はほとんどのテストで描画者に自由に選択させている。

　鉛筆は，B程度あるいはそれ以上の濃い目の鉛筆を用いるのが一般的であるが，過去のデータと比較するためにも，それぞれの文献に従った濃さの鉛筆を用いる。また，さまざまな描画法の原法において消しゴム付きの鉛筆を使用するとしているものもあるが，著者自身は，鉛筆に付いている消しゴムでは使いづらく，紙をこすりすぎて絵を汚す場合もあるため，鉛筆と消しゴムを別々に用意している。

### 2．時間と場所

　描画にかける時間を制限する方法やしない方法があり，それぞれのテストや検査者によってもやり方は異なる。筆者は概ねそのセッション内で無理のない時間

を設定することが多い。

実施する場所は，心理療法場面では通常使用している面接室になるが，初回面接でスクリーニングテストとして行う場合は検査室などになることもある。スクールカウンセリングでは相談室や面接室で行うが，安全で居心地がよく，人の出入りが制限できて落ち着いて行える雰囲気の場所を確保する。

### 3．共通に使われる教示

著者はまず「今から絵を描いてもらいます。できるだけ丁寧に描いてください」と教示し，続けてそれぞれの描画課題に応じた教示を行う。さらに使用の目的や選択した描画法にそって，適宜教示を補足する。

高橋（1967，1974）によると，「今から絵を描いてもらいます。これは絵の上手，下手をみるものではありませんので，気楽な気持ちで描いてください。しかしいい加減には描かないで，できるだけ丁寧に描いてください」と教示を行うとしている。雑に描かれた描画から得られる情報量は少ないため，1枚の絵からできるだけその描画者の内面にふれていきたいという趣旨から，丁寧に描くことを求めるのだと説明がなされている。

基本的な教示に続いて，それぞれの描画法に必要な教示を行う。

## 第2節　人物画の実施

### (1) 手　順

主に知能テストの目的で用いられる人物画は，対象が幼児や児童であることから，共通の教示をそのまま用いず，わかりやすく教示する必要がある。グッドイナフ（Goodenough, 1926／小林, 1977）の個人検査と，②マコーバ（Machover, 1949）の教示を次に示す。

①グッドイナフ／小林

グッドイナフとそれをわが国に適用した桐原（1944）は，「男の人」を描かせたが，小林（1977）は以下のように改訂した。

実施方法：描画用紙を二つ折りにして，縦に長い形に置く。

教示：人を一人描いてください。頭の先から足の先まで全部ですよ。しっかりやってください。

質問があった場合，男女どちらを描いてもよいと伝える。描き終わったら「男の子か女の子か」を尋ね，描いたのが女の子であれば「こんどは男の子を描いてね」と指示する。評価は原則として男子像を対象とするため，最初に男子が描かれれば，それで終了してよい。

採点法：頭から拇指の分化まで50項目が採点の対象となる。（販売元：三京房）

②マコーバ

教示：人の全身像を描くようにしてください。

描き終えたら,「今度は女（または男）を描いてください」と,先に描いた人物とは反対の性の人物を描くように指示する。つまり男女一対の絵を描いてもらう結果になる。描画後の質問は,描画者の特性に応じて検査者が構成する。

### (2) 人物画からわかること

人物画には現実の身体的な自己の姿や,心理的な自己の身体的イメージ,自己概念に関する意識的な感情などが表現される。対人関係に関する感情を表すこともある。また,理想的な自己への感情が引き出されることもある。防衛的な人は描くことを拒否する場合もある。

人物画は,HTP（家－木－人）の3つの課題のなかでももっとも多くの検討が重ねられ,標準化のスコアリングが試みられてきた。描画法を用いる臨床家にはこれらの情緒的および発達的指標への習熟が必須と考えている。

## 第3節　家族画,動的家族画（KFD）,動的学校画（KSD）

### 1. 家族画

#### (1) 手　順

ハルスの家族画（Hulse, 1951, 1952）,ハリスの家族画（Harris, 1963）では,次のように教示を行う。

教示：ある家族を描いてください（ハルス）。

　　　あなたの家族全員の絵を描いてください（ハリス）。

そして,描画の終了後にPDIを実施する。

#### (2) 家族画からわかること

ハルスの家族画では,家族成員像の大きさや描画順序などの形式分析などによる解釈とともに,総合的な分析に注目し,一人の人物像だけからは得られない,他者の中の自分という視点が発達した。そこでは,それぞれの人物像の大きさや人物間の距離,筆圧や陰影などに家族構成員の葛藤や力動性が測定される。

ハリスの家族画では,家族全員を描いてもらうことからより多くの情報が得られる。描画者の家族成員への態度,家族の役割についての描画者の見方が表され,人物の相対的な大きさや位置,家族メンバーの置き換えや誇張により家族関係が表現されることもある。描画者から語られなければ,実施者のほうから描かれた家族成員がそれぞれ誰であるのかを尋ねる。

### 2. 動的家族画（KFD）

#### (1) 手　順

教示：これから絵を描いてもらいます。自分も含めて,あなたの家族の人たちが何かをしているところの絵を描いてください。マンガとか棒のような人物ではいけません。人物全体を描くようにしてください。

描画終了後,PDIを行う。

## (2) 動的家族画（KFD）の分析法

　動的家族画が他の人物描画法や家族描画法と異なる最大の特徴は，実施の教示のなかで，人物の描写に「動き」を加味することである。描画に動きを加えることで，自己概念に関係したものばかりでなく，対人関係の領域での描画者の感情を引き出すことができる。全体的な印象や評価，形式分析，内容分析をもとに，総合的な解釈が行われる。KFD の理論的根拠には，精神分析学的心理学による KFD の解釈法（Burns & Kaufman, 1970, 1972），レヴィンの場の理論（Lewin, 1951），アレンの現象学的視点（Allen, 1970），エリクソンの自我同一性概念（Erikson, 1959）などとの関連が示されている。

### 1）全体分析

　KFD は描画者のとらえた主観的家族理解を表し，そこには個別的で主観的な認知パターンやその描画者のパーソナリティの形成過程が反映される。

　オスターとゴウルド（Oster & Gould, 1987／加藤監訳, 2005）では，家族成員と描画者との力動性を読み解く重要な手がかりとして次の5つをあげる。①自己像と両親像との距離は，描画者の知覚する兄弟姉妹のなかでの位置づけまたは拒絶感を示す。②兄弟姉妹の一部または全員を省略しているかどうかは，競争を排除することの象徴的な意味を示す。③家族成員の誰かが，非常に大きく描かれて矛盾が生じている場合は，支配性や無力感を示す。④自己像が描かれているかどうかは帰属感を示す。⑤両親についての表現の違いは，描画者が両親の一人をどうみているかという指標である。

### 2）形式分析

　人物像の大きさと，描かれた順序や，位置，省略，抹消，パースペクティブ（鳥瞰図），人物像間の距離，人物像の顔の向きなどから多くの情報が示される。

### 3）内容分析

　描画者はさまざまな家族の姿勢を表現する。たとえば，KFD によく出現するテレビを見ている場面では，これまで家族成員間の交流の希薄さを示すと解釈されてきたが，個室で自分専用のテレビがある家庭が増えてきた昨今では，家族でいっしょにテレビを見る姿はむしろ家族団らんの姿であるとする見方もできる。また，以前は炬燵での団らんがよく描かれたが，今日ではほとんどみられないというように，生活様式の変化が描かれる内容にも反映される。社会的背景や時代の変遷も参考にして分析することが求められる。

　また，一般的な場面の一つに家族の食事場面がある。描画者が長いテーブルの両端に両親を描く場合にはその情緒的な距離が推察される，自己像だけが一方の端に描かれる場合には描画者自身の競争や葛藤が示される，などと解釈される（高橋, 1994）。

　家族画の解釈には，表現された内容以外にシンボル（象徴），スタイル，テーマ（人物像の行為）などの理解も必要である。

## ⑶ 動的家族画（KFD）からわかること

バーンズ（Burns, 1982）および日比（1986）によると，KFDの解釈は，1）人物像の行為と人物像間の行為，2）人物像の特徴，3）描画の力動性（位置，距離，障壁），4）描画の様式，5）シンボル（象徴）の5領域に分かれる。

### 1）人物像の行為（アクション）と人物像間の行為

たとえば「ボール投げ」ひとつをみても，野球やサッカーなど行為の種類はさまざまである。また人物像間で投げられているのか，特定の人物像に向けられているのか，人物像から離れていくのか，抱えられているのか，特定の方向をもたないボールなのか，一人遊びなのか，頭上にあるたくさんのボールのひとつなのか，ボール遊びをしているのかなど，描き方や行為は多様である。人物像の行為についてはとくに父親像，母親像，自己像に注目し，人物像間の行為にも注目する，といった2点が重要となる。

### 2）人物像の特徴

父親像，母親像，自己像を中心にその行為に注目する際，次のような特徴をみる。①陰影，②なぐりがき，③網目，④身体の部分的誇張，⑤身体の部分的省略，⑥顔の表情，⑦衣服の装飾，⑧大きさ，⑨傾斜した人物，⑩正確な描写，⑪筆圧。これらの特徴が，使用された人物やその人物像間の心理的意味を示しているとされる。これまでの研究により次のような結果が示されている。

自己像と母親像の間の障壁は心理的距離を示す（Branningan, Schofield & Holtz, 1982）。省略された部分は，葛藤や不安，あるいは周辺の心理的否定を示す（Burns & Kaufman, 1972；Reynolds, 1978）。足の省略は，不安定感や家族での"疎外感"を示す（Burns, 1982）。自己像の顔の省略は，低い自己概念と自己同一性を示す（Burns, 1982）。一人だけ他のすべての人物像と区分して描くのは，家族のライバル意識を示している（Klepch & Logie, 1982）。大きな自己像はより大きくあろうとする一般的自己概念を示す（O'Brien & Patton, 1974）。

### 3）描画の力動性（位置，距離，障壁）

主に次のようなものに，力動性がみられる。

①人物像の描写順位：描画者の自分の家族に対する認知的構えを示し，とくに自己像については家族内における自己の位置づけや自己意識と関連するとされる。誰を最初に描き，誰を最後に描くのかは，意識的レベルと強く関連するが，家族内の日常的序列が反映している場合も多い。一方，権威づけや建前的家族認知様式などを反映する場合もある。また，青年が自己像から描く場合には，青年期の自己中心性が反映されている場合もある。

②人物像の位置：家族構成のなかでの相対的重要さや自己概念を示す（Reynolds, 1978）。家族全員が歴年齢順に，年齢に応じた大きさで描かれるのは典型的反応であるが，逆転した場合は年下の兄弟へのライバル意識が示唆される（Klepch & Logie, 1982）。

③人物像の大きさ：その人物に対する描画者の関心度に関連するとされる。

④人物像の省略・抹消：身体部分の省略はその部分の機能への拒否や不安が，人物像の抹消や省略は，その人物への否定感や不安が反映される。

⑤他人の描写：特別な感情や葛藤

⑥人物像の顔の方向：正面，横向き，背面の順に，肯定感が高いとされる。

⑦人物像間の距離：自己像と母親像が近いときは，同一視を示す（Burns, 1982；Burns & Kaufman, 1972）。自己像と父親像が近いときは，注目されたい欲求を示す（Burns & Kaufman, 1972）。情緒障害児は適応児よりも，かなり物理的に接近させて人物像を描く傾向がある（Meyers, 1978）。人物像間の距離が遠いときは，孤立感あるいは拒絶感を示す（Burns & Kaufman, 1970；Reynolds, 1978）。その他，力の及ぶ範囲（ボールやナイフを投げる，紙飛行機を飛ばすといった人物像間の力動あるいは行為）なども分析の視点とする。

### 4）様式（スタイル）

①一般的様式，②区分化，③折り紙区分，④包囲，⑤辺縁位，⑥人物下線，⑦上部の線，⑧下部の線，などがある。主なものを図4に示す。

これまでの研究から，次のように示唆される。「一般的様式」は，ごく普通の信頼感に満ちた家族関係を体験している子どものKFDにみられる。「区分化」は，一本以上の直線によって描画の人物が意図的に分離されるのが特徴である。「区分化」は，次のようなことを示そうとする試みとされる。社会的に孤立したり引っ込み思案の子ども（Burns & Kaufman, 1970, 1972；Reynolds, 1978）。重要な家族成員からの拒絶感，あるいはその家族成員に対する恐怖感（Burns & Kaufman, 1970, 1972；Reynolds, 1978）。重要な感情の否認，あるいは認めるのが困難なこと（Burns & Kaufman, 1970；Reynolds, 1978）。コミュニケーションの困難さ（Reynolds, 1978）。

また，低年齢のほうが，高年齢の子どもよりも区分化を使わない傾向にある（Meyers, 1978）。重要な他者を区分化することにより，その人物との特別な（肯定も否定もある）関係や関心，あるいは問題を示す（Burns, 1982；Burns &

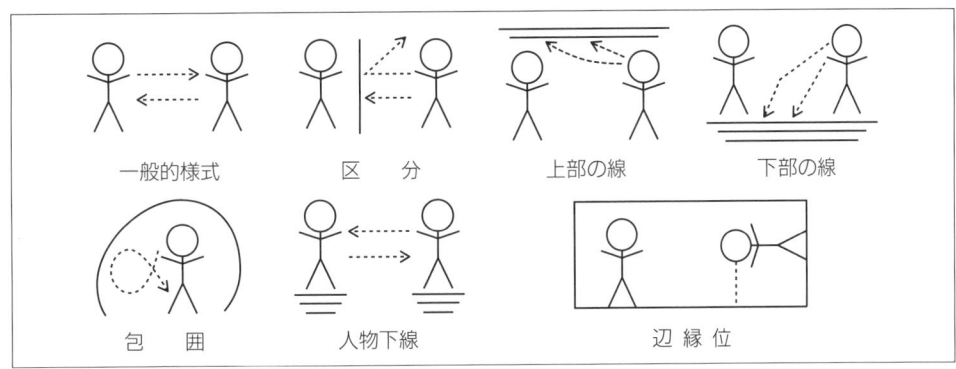

図4　描画の様式

出典：日比裕泰『動的家族描画法（K-F-D）——家族画による人格理解』ナカニシヤ出版，1986年

Kaufman, 1970, 1972；Klepch & Logie, 1982)。家族成員像間に区分化を用いることで，個々に別々の行為を行う家族を表現している（Burns, 1982；Klepch & Logie, 1982)。二人以上の人物像の区分化は，これらの人たちの関係に気をとられている（Burns & Kaufman, 1972)。「折り紙区分」は，あらかじめ用紙をたたんで四角形を作りそこに家族成員を描き，家族関係への強い不安や恐れを示すとされる。「包囲」は，すべてではないが一人以上の人物像が，対象を取り囲むような線で描かれることを示す。たとえば，なわとび，飛行機，自転車などで表現されるが，その場合，画用紙の辺は使わない。恐怖感を与える人を孤立化，あるいは取り除きたいという欲求を示す（Reynolds, 1978)。適応児よりも情緒障害児に有意に多くみられる（Burns & Kaufman, 1972；Meyers, 1978)。二人の人物像をいっしょに包囲することで，その二者間の緊密な同一化過程を示す（Burns, 1982)。「辺縁位」は，人物像を用紙の周辺に沿って端に描く。知的能力に関係なく，防衛やこじつけの特別の工夫とみられる。「人物下線」は，下線の引かれた人物への不安感や不安定性を示し，「上部の線」は，激しい不安を意味し，「下部の線」は，不安定感やそれを解消するために工夫され，崩壊しかけた家族や強いストレス下にある子どもの描画にみられる。

#### 5）シンボル（象徴）

バーンズ（Burns, 1982）は，①描画全体の調子や質，目立った行為や強調点をみる，②人物にとくに焦点をあてる，③対象に焦点をあて，その対象の位置，強調のされ方，使われ方を評価すること，を大切な点としてあげている。

シンボルの解釈については，描画者に関して知り得た情報と関連して使用し，その過剰解釈に注意しなければならない。もっとも一般的なシンボルの例を次にあげる。決して1対1対応の解釈にしないことも念頭におきたい。たとえば，風船，ベッド，ボタン，猫，幼児用寝台，危険な対象，花，ゴミ，熱，電気，馬，なわとび，木の葉，月，雨，太陽，列車，星，掃除機，水などがある。

### 3．動的学校画（KSD）

#### (1) 手　順

教示：学校の絵を描いてください。その絵には，自分，自分の先生を一人，友だちを描くようにしてください（友だちは何人描いてもいいです)。それぞれの人が何かをしているところを描いてください。これもマンガとか棒のような人物ではいけません。人物全体を描くようにしてください。

描画が終了した後，質問（PDI）を行う。

#### (2) 動的学校画（KSD）からわかること

動的学校画（KSD）の解釈法とその視点を，先行研究の文献（Burns, 1982；Sarbaugh, 1982；Prout & Celmer, 1984）を参考にまとめるが，KSDの解釈はKFDに準ずる。

KSDには学校という場が与えられていることから，その解釈にあたっては心

理学的・教育学的知見および発達的観点と，一方現実の学校や教室の環境特性との二つの側面を考慮する。たとえば，10歳の精神発達遅滞児のKSDは標準的な10歳児のそれとは異なる。発達レベルとKSDにみられる診断的特徴や変数との相互作用が臨床上意味をもつのは，生活年齢が類似の対照群と比較した場合である。このような点は，学業不振児や不適応児や発達障害児などにも同様である。

KFDと同様に，KSDの解釈も要素を熟慮したうえで総合的に判断されなければならない。質問項目の検討に始まり，続いて全体分析と形式分析，そしてKSD画に登場する人物や対象の分析などの内容分析に移っていくのが通常である。

**1）人物像の行為（アクション）と人物像間の行為**

KFDに準ずる。

**2）人物像の特徴**

ⅰ）個々の人物の特徴（KFDに準ずる）

ⅱ）全体的な，そして相対的な人物像の特徴

人物が描かれていない場合には，社会的な相互作用からの逃避を示唆する（Sarbaugh, 1982）。人物像の相対的高さ（大きな自己像，自己像に比べて大きな先生像等）や先生像の特徴（過度の詳しい先生像）などにも注目する。

**3）描画の力動性（位置，距離，障壁）**

KFDに準ずる。

**4）様式（スタイル）**

人物の後ろ姿（背面像）は，KSDでは一般的に先生が黒板に向かって生徒が座っている教室の情景として出現する（Sarbaugh, 1982）。障壁や包囲や区分化などは，距離感や社会的孤立感を意味する（Sarbaugh, 1982）。たとえば，KSDでは，教室場面を写実的に描くことによる机や椅子の出現から，包囲や区分が多くみられるという見方もあるが，著者は，包囲や区分を用いる者はKFDとKSDのどちらにも用いる傾向がみられ，KFDとKSDにおいて包囲・区分の出現に違いはないことを経験している（橋本，2008）。また，透視や部屋の物理的特徴に関する強調（建物，教室の壁，備品等に関する強調），屋外の絵などにも注目する。

**5）シンボル（象徴）**

黒板，掲示板，時計，校長，スクールバスなどが，KSD特有のシンボルとして出現する。

### 4．家族・学校動的描画システム

(1) 動的家族画と動的学校画の併用

筆者はさまざまな場面で描画法を実施するなかで，不登校をはじめとする学校不適応の子どものカウンセリングには，動的家族画と動的学校画を組み合わせて用いる「家族・学校動的描画システム」が有効であることを検証し，多くの臨床

的知見を得てきた(詳しくは,橋本,1991,1998a,1998b,1999b,1999c,2002,2005b を参照されたい)。適切な配慮のうえで KSD を用いることで,学校に関して語りたがらない学校不適応の子どもの言語的コミュニケーションを補い,学校イメージや学校に関するさまざまな情報が得られる。また,学校カウンセリングの過程での描画には,セラピストが子どもを理解するのを助ける情報が盛り込まれるだけでなく,同時に心の変化も投影される。すなわち遂行中の描写の状態そのものが,カウンセリングの進行状況を知らせてくれるし,また子どもが現在とらわれている心理的問題を示唆することもある。KFD により家族像が,KSD により子どもの学校像が,そしてその両方から全体像が見え,環境調整に役立つと考えている。

KFD と KSD の両方を同時に使用したノフとプラウト(Knoff & Prout, 1985)によると,その違いを比較する利点として,次の①〜③があげられている。

①家庭と学校にまたがる子どもの問題の広がりを知ることができる。②学校での態度や行動の原因の背景にある家庭や家族の問題が何か,また家族や家族の行動に影響を及ぼす学校や教室の問題は何かを確かめることができる。③その状況に特徴的な関係,つまり子どもの問題に役立ち,治療の情報源として有益な相互作用を分離してとりだすことができる。

実施に際しては,KFD を先に行い,次に KSD を行う。子どもは1日の大半を家庭という環境で家族と過ごすが,そこには家庭の基盤であり子どもの養育者である両親がいる。KFD を先に施行すれば,KSD を最初に施行した場合に生ずるかもしれない教示,描画スタイル,アプローチのやり方,質問などにおける混乱を避けられる。描かれた絵に重要な力動性を引き出すためにも,KFD はできるかぎり「混乱させない」ように実施する。また,KFD についての先行研究が数多く存在し,示唆が豊富に得られることも KFD を先に行う理由のひとつである。

一方の KSD は,学校という特定の環境における子どもの状況や情報を提供するととらえられる。そこで,KSD では KFD から多くの力動的根拠を得ることにより,子どもの学校場面に特有の態度や問題点を洞察できると考えられている。

KFD と KSD ともに描画段階と質問段階の2つの部分に分かれている。描画段階では教示を受けて絵を描き,その後の質問によって子どもから得られた有効な情報をもとに描画の意味を明確にしていく。KFD の描画段階と質問段階が終わったら,KSD の描画段階へと移る。原法では通常時間制限はないが,描画段階の終了は子どもの申し出によるかあるいは検査者の合図による。著者は通常はそのセッション内で終了できる時間で目標の制限時間を伝えておき,終了時間がきたらいったん合図するが,それからは適宜対応する。子どもが描くことを拒否したり,「できません」と述べた場合は,教示を繰り返してできるだけ最善を尽くすように子どもを励ますが,無理強いはしない。

(2) 手　順

　教示（KFD）：これから絵を描いてもらいます。自分も含めて，あなたの家族の人たちが何かをしているところの絵を描いてください。マンガとか棒のような人物ではいけません。人物全体を描くようにしてください（場合によっては，「家族の人たちが何らかの行為や動作をしているところを思い出して描いてください」と補足する）。

　子どもが描き終えたら，必ずKSDに移る前に質問（PDI）を行う。KFDの質問が終わったらただちにKSDを施行する。

　教示（KSD）：学校の絵を描いてください。その絵には，自分，自分の先生を一人，友だちを描くようにしてください（友だちは何人描いてもいいです）。それぞれの人が何かをしているところを描いてください。これも，マンガとか棒のような人物ではいけません。人物全体を描くようにしてください（場合により「あなたが描けるだけの絵を精一杯思い出しながらそれを描いてください」と補足する）。

　子どもが描き終えたら，必ず質問（PDI）を行う。

　友だちの数は「一人ないし二人」と教示することなどもある。また，学校不適応児などで，「友だちが一人もいない」と言うことがしばしばある。その場合は，できるだけ描く努力をするように励ますが，決して無理強いはしない。検査者はKFDおよびKSDを施行しているときに示す描画者の言動や印象などを記録する。

　教示には「友だち」という言葉か「生徒」という言葉を用いるかなど，検査者は描画者の現状を考慮して判断する。標準的な教示に従うか，バーンズが1984年に示唆したKSDの教示やあるいはそれらの変法を使うかなど，適宜選択する（Knoff & Prout, 1985／加藤・神戸訳, 2000）。変法を用いた場合には，後の解釈にもそれを考慮することが必要である。

　質問段階（PDI）は，KFDおよびKSDのそれぞれを描き終えた後，描画者が鉛筆を置いてから始める。この段階では，描画の意味をより明確化し，描画作成上影響を与えたと思われる外的，内的過程を知ろうとする。この質問段階での最終的な目標は，描画，描画状況，描画者に関する情報や理解といったことを，かぎられた時間の範囲内でラポールの状況に応じてできるだけ多く得ることである。

　まず，それぞれの人物像の名前と年齢を確認する。次に絵のなかでは何が起きていて，それぞれが何をしているのかを具体的に話してもらう。この他の質問項目については，他の描画法と共通の質問項目や「家族・学校動的描画システム」特有の質問項目から総合的に判断する。

(3) 家族・学校動的描画システムの解釈レベル

　家族・学校動的描画システムの解釈には，3つのレベルがある。それは，①KFDとKSDそれぞれに対しての解釈，②投影法に関する一般的な人物画の特

性と変数による解釈，③人格検査バッテリーの一つとしての「家族・学校動的描画システム」の解釈，である。

　KFD，KSDともに，まず直感にもとづく全体的印象をみる。次に，形式分析としてサイズや筆圧など，どのように絵を描いたのか検討する。具体的には，態度，時間，順序，サイズ，位置，切断，傾斜，横にした用紙，筆圧，線の引き方，陰と投影，地面の線，抹消，対象性，透明，写真性，パースペクティブ（鳥瞰図），方向，歪曲，省略，詳細さ，運動などの項目について検討する。また，描画の大きさ，位置，偏りや空間象徴などもみる。さらには内容分析として，個々の描画に表現された内容を分析する。

## 第4節　バウムテスト（樹木画）

　本節では，明記された引用部分の他に，高橋（1967, 1974），高橋・高橋（1986），高橋（1999, 2007a, 2007b）などを参照した。

### (1)　手　順

　コッホの原法とボーランダーなどでは教示が異なる。共通の教示に続いて，それぞれ次のように伝える。

教示：①それでは実のなる木を一本描いてください（コッホのバウムテスト）。
　　　②それでは木を一本描いてください（ボーランダーの樹木画）。

　コッホの教示では，「実のなる木」を描くように教示するが，アヴェ＝ラルマンによるとそれは以下の理由による。「バウムテストを行う場合，無意識のうちに描画者の人格における自己像が表現されるようにする。この際とくに適しているのは広葉樹である。それは描写に幹から枝分かれの部分が描き込まれるからである。しかしもしバウムテストの教示に〈広葉樹〉を描くことを明示したとすれば，それは〈葉〉が描かれるかどうかという診断可能な事態を誘発してしまう。それを避けるためコッホは〈果樹〉を描かせるのである。」（Ave'Lallmant, 1996／渡辺・坂本・野口訳, 2002；1頁）。

　一方，高橋（1974, 1986）ではコッホの教示ではなくバックのHTPテストのうち「木」の描画のテストを用いているが，その理由を，投影法としては特定の木を指定しないで自由度を確保したほうがよいこと，ヨーロッパと日本では風土・文化が異なり「実のなる木」のイメージが異なることなどとしている。なお，高橋は，HTPPテストの一部として樹木画を扱うとともに，樹木画だけを単独で行う場合も積極的に認めている。

　通常バウムテストといえばコッホの方法をさすが，あまり厳密にコッホの方法かバックのHTPかの区別がなされていないのが現状である。著者自身はコッホの原法を取り入れ，「実のなる木」を描くよう教示することが多い。「実」を描くことにこだわりすぎる描画者がいることから，「実」を教示しないという臨床家もあるが，著者は，とくに子どもへの実施では「実」のなる木のほうがリラッ

スしてスムーズに描画活動にとりかかれることを多く経験している。

### (2) バウムテスト（樹木画）からわかること

バウムテストからパーソナリティを理解する理論的根拠には，年齢による描画の発達，グリュンワルドの空間図式，ボーランダーの空間図式，図示的コミュニケーションの象徴性などがある（1章7頁参照）。

また，ボーランダー（Bolander, 1977）の解釈については，1999年に高橋が翻訳した『樹木画によるパーソナリティの理解』（ナカニシヤ出版）に詳しい。それによると「ボーランダー（Bolander, K.）は樹木画の研究と象徴の解釈について，詳細な方法を考案してきた。彼女はこれをバック（Buck, J.）のHTPテストやコッホ（Koch, K.）のバウムテストのようなこれまで存在していた方法とは別個に，時にはそれらを批判しながら解釈の方法を完成した（序文8頁）」。「彼女の樹木画の分析と解釈の中心となるのは，木の3つの部分，すなわち根・幹・樹冠が，それぞれパーソナリティの本能，情緒，精神の側面を象徴するという仮説である。この3つの部分の開放的なコミュニケーションは，根から幹，さらに樹冠への生命力の自由な流れを表現している。そして各部分の間の流れの遮断は無意識の抑圧の指標である。（序文8頁）」と述べられている。

バウムテストの解釈にはチェックする検査項目がたいへん多くなおかつ複雑であるが，次に代表的なものをあげる（高橋・高橋，1986などを参考にした）。

#### 1）全体的評価

木の構造，トーン，木の型などから，クライエントの適応水準や成熟度，情緒の安定度やパーソナリティの統合の度合い，自己と外界への基本的認知態度（是認，否認，親和性，疎外など）や行動の統制力，脳機能障害の可能性などをみる。

#### 2）形式分析

サイズや筆圧，ストロークとラインの性質などに注目する。たとえば，描画像の大きさについては，極端に小さな木からは，自己否定，圧倒された自己，不充足感，自我への過度の関心，孤独などが表現され，不登校や学校不適応の子どもの絵にもしばしばみられる。用紙の縁からはみ出した大きな木は自我の肥大化という見方もあるが，青年期にはしばしば出現する。未来への期待，自己中心性，空想化，独創的などを表すとされる。さらに外傷体験の時期の決定なども試みる。

#### 3）内容分析

木の種類：現実的な木と抽象的な木，落葉樹と針葉樹などがある。

枝の省略：枝の線描写と先端の閉じ方に注目する。枝の省略については，枝は描かれないことも多いので，省略そのものが解釈上問題になるとはいえないが，枝が描かれた樹木画は解釈しやすい。さらに，枝の型や元の部分や結合部分の描き方および構造的配置などにも注目する。

枝の性質：枝は活動や営みやエネルギーの通り道とみられ，思考様式や独創的な自己表現の様式を表す。また解釈の出発点ともなる。枝の性質については，たとえば，切れた枝は外界とのつながりが断たれてしまった姿を，放射状の枝は外

界との積極的な交流を表し，大→中→小と枝が階層的構造に描かれているのか，左右対称でバランスのとれた形なのかなどもみる。描き方の正確さなどもみる。

　幹：幹の線描写と先端の閉じ方に注目する。1線の木は退行を示すなど。幹については意識化に近い感情反応や情緒を表すとされる。また，幹の傷痕は，多くの研究者により，外傷体験（心理的外傷）や困難性などの投影とされており，実際のデータでは，幹の長さを考えて生まれてからの時期をみるのが一般的である。

　根と地面：根は未分化の集合的エネルギーで，生まれてから幼少期の時期，本能や無意識を表すとされる。地面については，ラインの描写の有無や仕上げ方，傾斜，あるいは構図や位置などをみる。強く描かれた地面のラインは，クライエントの不安や依存欲求を表すとされ，自然な地面のラインは，適切に情緒が処理できていて安定しているとみられる。

　樹冠：樹冠については，社会との接触を示すとされ，また，精神領域，理性や意識，目的ある行動を表し，その形状や樹冠と幹の結合などにも注目する。

### 4）その他

　葉や実や花，線の交わり方にも注目する。昆虫や小動物を描くのは，バッタなどでは未成熟を表す。特殊なサインとして，陰影，花とつぼみ，樹皮，傷跡，節穴，偶発的なサイン，付加的なサインなどもみる。2本以上の木や風景の中の木などにも注目する。1）〜3）をもとに総合的解釈を行う。

　バウムテストから得られた情報をフィードバックする際，クライエントの状態にあわせてクライエントが理解できる内容を理解しやすい表現で伝えるなど，治療の一環であることを意識することが大切である（高橋，2006，2007a，2007b）。また，描画者の時間軸や言語による表現，現実の家族関係などもできるだけ総合的に考慮し，テストバッテリーを組んで統合的で多面的な解釈を行う必要がある。

## 第5節　HTP法，K-HTP法

### 1．HTP法の実施法

#### (1) 手　順

　標準的な実施法は，先に示した描画の共通の教示に引き続き，バック（Buck, 1948）では次の順序で教示を行う。

教示：では，この紙に家を描いてください（用紙を横に置く）。
　　　今度は木を一本描いてください（用紙を縦に置く）。
　　　今度は人を一人描いてください。顔だけでなく全身を描いてください（用紙を縦に置く）。

　バックの原法ではここで描画は終了する。
　また，高橋（1974）ではこの後，描いた絵が男性なのか女性なのかを尋ね，次のように教示する。

教示：では，今度は男の人（女の人）を一人描いてください。やはり顔だけでな

く全身を描いてください（用紙を縦に置く）。

このように，もう一枚，前とは別の性の人を描かせる。

バックの3枚法，高橋の4枚法ともに，描画後の質問（PDI）を行う。

### (2) HTP法からわかること

バックが提唱したこのテストでは，家，木，人の3つを課題としている。これらの課題は，幼児から高齢者までのあらゆる年齢層の描画者が好意的に受け入れることができ，PDIにおいても率直に自由に言語表現できる。また，3つの課題が与えられることで，描画者の心的世界や知的水準が複数の角度から投影される。PDIを十分に行ったうえで描画者をとりまく状況，生育歴，発達的，文化的な情報を加味しながら統合的に分析する。日本では，高橋（1967, 1974）の実施法が普及しており，ここでも，描画後の質問が重要であるとされているが，細かな質問よりも対話の大切さが強調されている（高橋, 2007c）。

## 2．K-HTP法の実施法

### (1) 手　順

教示：これから絵を描いてもらいます。この一枚の用紙に，家・木・人を描いてください。その場合，何か動きがあるようにしてください。人は，マンガとか棒のような人物ではいけません。人物全体を描いてください。

描画が終わったら，描画後の質問（PDI）を行う。

### (2) K-HTP法からわかること

バーンズ（Burns, 1987）は，木の描写には描画者の変容過程が，人の描写にはさらに大きなメタファーが，さらに家の描写には物質的な側面がそれぞれ投影されることをふまえ，それらの力動性を相互作用や全体的な視点でとらえた。K-HTP法では，HTP法に動きを加味したことにより描画から得られる情報をより豊かなものにしたといえる。各課題が力動的な物語としてどのように構成されているのかをみる。

なお，バーンズは，人間の行動の原動力となる本能的欲求を分析して欲求5段階説を提唱したマズロー（Maslow, A, H.）の弟子であったことから，K-HTP法の発達水準の判定基準にはマズローの発達モデルが大きく影響している。投影法のなかでも発達心理学の視点からパーソナリティを理解しようという性質が強く，描画者の人間的な成長の可能性を理解しようと試みられている。

# 第3章 スクールカウンセリングにおける描画法

## 第1節 心理テストとしての利用

### 1. 実施のポイント

　描画は，児童相談所などで早期に措置が必要な場合の心理診断やスクリーニングなどでアセスメントとして使用されてきた。言葉で語るのが難しい幼児や児童だけでなく，日常会話はあるが自分の気持ちを語るのが困難な青年期のクライエントが，描画活動を通して，自分自身が気づいていないものを理解したり，あるいは言葉にならないものを表現したりもできる。スクールカウンセリングにおいても描画法は，心理テストとしての使用と心理療法の使用がなされているが，まずアセスメントとしての心理テストとしての実施についてポイントを述べる。

(1) テストの意図を明らかにする

　実施にあたっては，まずは検査者が描画を描いてもらおうとしている意図を明らかにすることが前提である。どのようなカウンセリングや心理療法でもそうであるように，開始の段階においてラポールを形成することが重要である。描画法の目的を説明することは，ラポール形成にもつながると考えられる。こうして，描画者は抵抗なくのびのびと表現することができる。

(2) その場の「間」を大切にする

　描画の実施にはその場の流れをつくりだしていく力がある。セラピストとクライエントの言語や言語以外のやりとりである「間」を整えていく機能が描画にはある。「間」とは人と人とのつながりを成り立たせる力動ともいえるもので，時間にそって間が変わっていくことで他者との関係も変容していく。描画が適度な関係形成を助けることもある（山崎, 2004 を参考にした）。

(3) 状況にあわせたフィードバックをする

　描画テストが終わったら，描画者の状態をみながら無理のない範囲でフィードバックを行うことが望ましい。描画者が理解できる内容を，理解しやすいように言葉を選んで表現する。

(4) 解釈に役立つ記録を残す

　描画には描画者の自己表現そのもの以外に，教示した検査者に対するメッセージが含まれる。実施中に描画者と検査者とは無言の相互作用を及ぼしあう。だれがどのように教示を行って実施したかで，描かれる絵も変わってくることがある。描画環境により描かれる絵が影響されたり，時間の経過によって治療関係や描か

れる絵に変化がみられることもあり，描画テストの実施にはどのような状況（場所も含む）でどのような教示で実施したのかや描画中の態度などを記録し，後の解釈に役立つようにする。

## 2．テストの解釈で大切なこと

著者はさまざまな描画テストのテーマや教示などにより，それぞれの描画課題に現れる標準的な反応や基礎的な理論やその解釈法を第一にとらえつつも，そこに投影される現実と理想の微妙な間隔を受けとめ，一人ひとりの描画者の心の底からの叫びに耳を傾け，総合的に解釈しようとしている。とくに次の3点を重視している。①描画後に子どもから語られる言葉や，質問（PDI）への応答などを大切にする。②描画が標準的な反応と比較してどのようなものか考察する。③描画が描画者の理想や願望に近いものか現実を表しているのか，投影の方向を意識する。

たとえば，一見否定的に思える家族画であっても，そこには描画者が適応を試みようとする何らかのサインが読みとれることがある。機能不全が深刻な状況であっても，そこから家族への肯定的な努力を見逃さないことが大切である。病理や不健全さが表現されている絵にも，健全さが内包されている。家族関係の断絶した大学生が家族で一緒に協力して田植えをしている場面を描いた後，家族と協力して関係を修復していった事例などもⅡ部に紹介している。

また，仲間はずれやいじめを受けている子どもが描いた学校画における，クラスの仲間との交流場面から何を読みとるかということがある。さらに，失敗した絵や模倣の絵の文脈からも読みとれるものがある。描画の意味が検査者と描画者の会話の中から見いだされる場合もある。わずかな時間でも描画者が描画場面で生き方そのものを変えるような体験をしたり変容したりすることもある。

## 3．描画者の防衛

描かれた絵と現実世界には当然違いが生じる。家族画で表現された家族イメージについて，どの部分がどのくらい現実のものとして表現されているのか，あるいは理想の姿で表現されているのかなど，現実との距離を常に意識してみなければならない。描画のテーマが原初的レベルから社会的レベルに近づくほど，防衛が働きやすくなる。たとえば，樹木画よりも家族画のほうが防衛が働くことになる。つまり描画のテーマが現実生活レベルに近くなればなるほど，投影される現実と理想や空想など非現実との微妙な相違を意識しながら描画を読みとることになる。

それを可能にするには，検査者が描画者の人となりや絵のイメージを，描画者との相互作用のなかで受け止めなければならない。描画者はそうした相互作用があってはじめてさまざまな自分を微妙に表現しはじめ，描画の意味や自分の体験を意識するようになる。描かれたプロセスやその状況からもわかることがある。

著者は，診断的側面から描画を用いる際，描かれる過程を大切にしなければならないとつねづね考えている。

### 4．描画テストの限界と効用

限界としては，①明確な統計的な裏づけに限界がある，②解釈法がさまざまで主観的になりやすい，③中核的な機能をもたずスクリーニングとして問題の方向性を検証し，それから中核的な検証へとすすむステップが必要である，④テスト・バッテリーとして他のテストが必要である，などが考えられる。

また効用としては，①短時間ででき，結果がすぐ得られる，②表現が具体的で描画者が自己を知る手がかりとなる，③子どもなど自己表現の劣る者にも使いやすい，④明らかにしたいパーソナリティの側面が表現される，などがあげられる。

## 第2節　心理療法における利用

### 1．描画を用いた心理療法

描画を用いた心理療法でも初期段階でのラポール形成が大切である。描画活動によりさらにそれが深まり，コミュニケーションがはかられていく。描画活動によりカタルシスがすすむと，クライエントが感情を表現しやすくなる。

学校について語りたがらない不登校の子どもが，動的学校画（KSD）などを通して学校生活や友だちや先生などについて語りはじめるという場面を著者はしばしば経験する。クライエントのまさに無意識の扉を開くともいえる瞬間である。その開かれた扉は，言葉では表現できない葛藤や感情を明らかにする。心理療法の回を重ねるにつれて描画がどう変化していくかをみていくことが大切である。

心理療法に用いる描画は，心理臨床家がクライエントに自己表現を促すひとつの道具になる。このとき，セラピストがクライエントを温かく見守り支える環境が提供できれば，クライエントは自身の抱える欲求不満や攻撃性，怖れや混乱などから，自らを解放する方法を見いだすであろう。とくに言葉の獲得が未熟で，洞察力にも欠ける子どもにとって，描画は自己表現に有用な方法である。

### 2．心理療法での留意点

#### (1) セラピストとクライエントの関係性

セラピストはクライエントから描かれた絵についての情報やその際の感情状態，さらにはクライエント自身の解釈などの情報をできるだけ多く得ることにより，そのうえではじめてさまざまな臨床的判断を行う。解釈や判断は，セラピストとクライエントとの間に治療関係ができたうえで行われることになる。

繰り返し用いるテーマやシンボル，そして連続するパターンなどの描画特徴が十分に描画に表現されるまで，セラピストはその内容分析的な解釈を行わない。それらを待たずに早期に解釈が行われると，クライエントの作品のテーマや内容

が自己防衛的で表層的なものになる。

　また，セラピストは，クライエントが描画の中で表現してくる新しいテーマや問題点にも気づくことが大切である。これらの点については，その後のセラピーを通して引き続き注意を払う。こうしたプロセスを通して得られるセッションから次のセッションまでの継続したテーマにより，クライエントははじめて治療の継続感を得ることができる。

### (2) 描画がクライエントに提供する世界

　描画の場を設定することで，クライエントは空想の世界を表現する機会を与えられる。描画を用いて表現された世界がどの程度空想なのか現実なのかを理解するために，その比較のための現実の世界を表わす絵も描かせることが必要となる場合もある。

　描画はクライエントに，以前のものの見方や考え方の焦点を変えるようなきっかけを与えることがある。この見方や考え方の焦点の変化から，クライエントが異なる態度や考えを獲得することになる。また，自己の感情に対して別の見方ができるようにもなり，こうして得た洞察が現実世界でも活用され展開されていく。たとえば，対人関係困難な不登校の中学生が，描画活動を通して自己の対人認知パターンを「見られる」から「見る」に変容させ，適応していくケースなどが，II部で紹介されている。

　描画はクライエントの変化への手段となる一方で，今ここでクライエントが体験していることの記録にもなる。セラピストは描画についての教示を最小限にとどめ，クライエントが誤って認識していることや未知の部分を探索する自由を保障し，促進させるのである。このプロセスが有効に機能すると，クライエントは次第に防衛を緩め，心を開きはじめる。この過程において，クライエントは，柔軟な思考や概念をもつようにゆっくりとした変容をみせ，あいまいささえも認めるようにもなる。このようにして，クライエントは描画を通してそれまでと異なるあらたな方法で自分自身を体験する。

### (3) 解釈と関係の成立

　描画を用いた心理療法のプロセスを通じて，クライエントはセラピストの解釈の道筋をともに辿っていくことができる。描かれた絵を通して洞察を得るためにセラピストは絵を比喩的に用いたり，そこに現れるシンボルを活用することも大切である。時には描かれた絵そのものがイメージを通して洞察力を高めることにつながり，そうした場合にはセラピストによる解釈を必要としないこともある。継続したセッションでは，セラピストがクライエントによって以前描かれた絵の解釈を行ったり，その変化をクライエントに見せたりもする。そのためにも描画に日付を入れ，すべて保管しておくことが重要である。

　また，ある描画の解釈の後，もう一枚描きたいかどうか，あるいは修正したいかどうかなどをクライエントに尋ねることも重要である。それは描画を通してクライエントの可能性や変化への潜在能力を見いだし，表現へと導くことでもある。

### 3．描画法を避けたほうがよい場合

心理療法の過程で，引っ込み思案で自己表現の苦手なクライエント，防衛的なクライエント，セラピーに抵抗の強いクライエントなどが，描画によって自分自身をのびのびと表現することは珍しくない。しかし，すべてのクライエントにとって描画法が適切であるとはかぎらない。以下の場合には描画の利用は避け，他の手法での心理療法をさぐる必要がある。

#### (1) 精神病理的な水準やその傾向があるとき

精神病理的なレベルやその傾向のある人，空想の世界に逃避しがちな人にとっては，描画はあまりにも強烈で，有害となる場合もある。そのため適用が望ましくない場合もあり，慎重に判断する必要がある。また，与えられた用紙の枠をはみ出して絵を展開していくというクライエントなどには，描画の中断を求めなければならない場合もある。

#### (2) クライエントの自我が弱いとき

たとえば描画による暴露を極端に恐れるクライエントや，自我がとても弱いクライエントの場合，描画が有効とはかぎらない。そうしたクライエントには，セラピストはまず安堵感を与え，その弱く壊れやすい自我でも対処できるものだけを解釈するようにしなくてはならない。また抵抗を理解し，少し時間を置いてから描いてみるよう示唆することも必要になる。著者も不登校の子どもが学校画を描くことを避ける場面にしばしば遭遇する。現実的な葛藤場面である学校というテーマからは容易に想像される反応であり，クライエントのその抵抗をありのまま理解し，少し時間をおくなどして対応することがある。

#### (3) 子どもの意向とあわないとき

とくに子どもの心理療法において，描画法のやり方を再検討するか引っ込めたほうがよいと判断されるのは，次の6点である（宮川，2004）。①しゃべりたがっているとき。②他の玩具に強く魅かれ，遊びたがっているとき。③描画をなかなか始めたがらず，興味が薄れてきているとき。④人前で絵を描くのに強く抵抗を示すとき。⑤人との交流をともなうことを嫌うとき。⑥一度描きだしたら止められないとき。

#### (4) 描くのが苦痛なとき

セラピストに観察されながら描くのを苦痛と感じて嫌がるクライエントもいる。見られたくないものが描画を通してセラピストに見られてしまうと考えて，描くことを怖れることもある。

別のテーブルで描いていいかと問うクライエントも時にはいる。クライエントの状況に応じて，適切な工夫が必要となる。著者は別の場所で描くことを許したり，家で描いて持ってくるように提案したりすることも稀にはある。しかし最終的には，セッションのなかでセラピストがその過程を観察しながら描画を描くことをクライエントに求め続けなければならないと考えている。セラピストの前で描かれた描画と別の場所で描かれた描画とでは，その見方や解釈も違ってくる。

とくに，治療の道具として描画を使用する際には，その場で描いてもらうことが重要となる。

## 第3節　描画におけるPDI

　描画の実施中には言葉を用いないので，描画後に行われるPDIによる言葉のやりとりはたいへん重要となる。検査者が描画者の内面をより正確に理解するだけでなく，描画を通して描画者が自己の内面を理解するのにも欠かせない。

　PDIでは描画の過程や表現された心理的事実をつかむことが目的となる。こうして描画者の人となりを総合的に明らかにしていくのである。描画が現実を表しているか理想を表しているかもPDIを通して明らかにしていく。以下，高橋（1974）および高橋（2000）などを参考に述べる。

　個々のケースに応じて，教示と実施後のPDIは一回の描画に必ずセットで考えて行うものである。語り合いは全部描いた後で行い，描画中にクライエントに質問をしたり話しかけたりはしない。まずはクライエントが安心して描画で表現することが大切である。

　検査を終えてクライエントが鉛筆を置いてから，まずは一生懸命描いたことについてのねぎらいを述べることが大切である。そこでは絵そのものをほめるのではなく，描画の作業過程についてほめる。

　次に，絵を見ながらクライエントに感想などを自由に語ってもらうようにする。この段階で十分に語ってもらえれば，あとでセラピストが質問しなくてもよいほどの情報が得られる。そうなれば好ましいが，セラピストの質問によってクライエントの語りがさらに進むとよい。あくまでも絵についての会話が進むことが大切であり，過度の解釈はしてはならない。時には，検査者からの質問に対して描画者が何も語らないこともある。著者は，治療の初期段階では，話したがらないクライエントに応じて，自分の描いた絵について何も話さなくてよいと伝える場合もある。もちろん，クライエントが偶然その内的世界を見せてくれることもあるが，治療初期の間は無理に話すことを求めずに描画を描かせることのみで，より自由な表現と自発性を促すことも重要と考えている。

　著者はクライエントに無理がないよう配慮しながら絵について話し合ったり，自由に感想を述べてもらったりして，いっしょにその体験を味わう姿勢を大切にしている。描画者自身の気づいていない水準にまで掘り下げてPDIの場で明らかにしようとはしないように気をつけている。

　また，たとえばKFDで描かれた母親像について尋ねる際などに「母親は後ろを向いていますが……」と尋ねるのではなく，「母親は後ろ姿（背面）に描かれていますが……」など描かれた絵の状態に即した表現で質問するようにしている。できるだけ判断を混じえずに客観的な言葉で質問する。

　時には，バウムテストで切り株を描いた描画者に対し，「幹が切られています

が，この切り株から出ている新芽はそのあとどのように成長していったのですか？」というように，将来への解決の方向性を含んだ質問を行う場合もある。

## 第4節　スクールカウンセリングの現状

### 1．スクールカウンセラー事業の経緯

わが国の教育現場における学校カウンセリングへの取り組みは，年々増加する子どもたちの発達上の問題や心理的不適応，さらにそれらにともなう問題行動，不登校やいじめの問題などへの早急な対策として期待され，進められてきた。

平成7年度（1995年）に文部省（現文部科学省）が，スクールカウンセラー活用調査研究事業を試行事業として実施し，各自治体の一部の公立中学校にスクールカウンセラーを導入した。この制度は，学校組織外の専門家が校内に入るという学校現場にとっては画期的な試みであり，初年度の配置校は全国で154校という規模であった。平成12年度には配置校は1643校となり，平成13年度には「スクールカウンセラー活用事業補助」が本格的にスタートした。学校現場にとっても，心理臨床の専門家にとっても，大きな転換点であった。

本格的に事業がスタートするまでの時期の学校教育相談（スクールカウンセリング）については，教師主体（教師カウンセラーなど），学校外から入る専門家主体（現行の事業の原型など），その他（たとえば教師が学校外の専門家のスーパービジョンを受けながら行う方法や養護教諭の活用など）の3つの立場から行われていた（橋本, 2000, 2001c, 2001e）。平成7年度の試行事業の開始から平成12年度の本格的制度の導入を経て，今日に至るこの13年間を通して，教師とスクールカウンセラーのどちらの側からも，柔軟に互いの理論や技法においての違いを認め，よさを取り入れようとする姿勢が共通してみられた。学校という教育現場の特性と，専門的個人心理療法という枠組みをもとに，双方に開かれた柔軟な発想と統合的あるいは折衷的な手法を用いることなどにより，実践的な理論や手法が構築されてきた。こうしたスクールカウンセラーの活動の特徴は次の①～⑧にまとめられる。①集団と個をつなぐ，②教師と保護者と社会との協働作業の要となる，③事例の解決には，臨床心理学的視点にもとづくアプローチを行う，④教師へのコンサルテーション，⑤保護者へのコンサルテーションやカウンセリング，⑥危機介入やPTSDへの対応，⑦外部関係機関との連携，⑧スクールカウンセラー研修体制の整備。

ここで，具体的にスクールカウンセリングによくみられる相談を著者の経験している事例を中心に，表1にまとめた（表1参照）。

### 2．スクールカウンセラーの活動

#### (1)　子どもとのかかわりの視点

学校という集団の場は，幼児から大学生の青年期までのまさに人生の4分の1

**表 1　スクールカウンセリングでよくある相談内容**

1. 不登校
   対人関係困難：対人不安，対人緊張，対人恐怖
   神経症状，身体症状，過剰適応などによる息切れや自信喪失のタイプ，
   家族病理（家族問題），母子分離不安，適応指導教室のケース，非行傾向，
   進路援助（進路指導）が中心となるタイプ
2. 発達の問題：広汎性発達障害（自閉性障害やアスペルガー障害など），多動（ADHD など），学習障害（LD），特別支援教育に関することなど
3. 思春期青年期に多い問題：摂食障害，リストカット
4. いじめ
5. ストーカーや性的問題行動
6. 要因やきっかけとしての問題の区分
   学校での問題（友人関係，先生との問題，クラブ活動での問題など）
   家庭の問題（親子関係，きょうだい関係，夫婦関係など）
   学業の問題（学業困難や学習の遅れ，学習態度など）

の時間を送るところである。しかも，発達のもっともめざましい時期を人は学校という場で生きるわけである。また同世代の仲間と影響を与えあいながら成長する場ととらえると，学校は家庭と同様に発達環境として大きな役割を果たす。

スクールカウンセリングでは，①教育的支援，②心理的支援，③医学的な問題，④発達の問題，といった複数の視点からのかかわりが大切になる。

①教育的支援

スクールカウンセリングは，学校という場で行われる相談活動という特性から教育的な側面を有する。学校教育の柱となるのは，子どもたちの学力を培うことと人間形成の2つである。よって学習の問題への支援もスクールカウンセラーにとっての重要な役割となる。その際に留意したいのは，学習面での個々の子どもの多様性や個性が学校集団の中で認められるような援助を行うことである。学力さえ伸びればよいというのではなく，子どもが発達していくなかで学力も包括した幅広い意味での個性を引き出していこうというかかわりが大切である。

②心理的支援

カウンセラーやセラピストによるかかわりの核となるのが心理的支援である。クライエントが子どもであろうと大人であろうと，一人ひとりの問題解決の道筋をつけようとする姿勢になんら変わりはない。子どもは心理的危機や変化の兆しをさまざまなサインで伝えてくる。それを学校においては教師と共有することにより，心の問題の早期発見や早期対応に生かし，子どもの変容を支えることにもなる。学校組織の連携を活用し，学校外の人的資源も時には有効に用いたうえで，子ども，保護者，教員などの問題解決や適応のために力を注ぐ。

③医学的な問題

カウンセラーやセラピストの立場からは，医療の関係機関と連携が必要な問題かどうか，つまり病理的な問題がどのくらいの水準であるのかを見極めることが大切になってくる。問題解決の見立てや見通しにおいて，病理的な問題が疑われ，

医学的な支援が必要と思われる場合には，子ども本人，保護者，教師に適切なタイミングで適切な表現や方法で伝え，医療機関等との連携をはかることが必要である。

④発達の問題

子どもの発達支援は，乳幼児健診から始まり，小学校入学後は本格的に教育面からも関わることになる。早期からの発達支援に学校の果たす役割は大きい。スクールカウンセラーは，子どもの問題に関して，発達的な視点をもちながら取り組まねばならない。

①～④をふまえ，スクールカウンセラーは思春期青年期特有の問題や症状に対して柔軟に，子どもの抱えている問題に関して発達の視点をもちながら総合的にみていくことが重要である。

(2) 特別支援教育のチーム援助

近年，発達障害などの子どもへの適切な支援の必要が高まってきている。スクールカウンセラーも子どもの発達の問題や特別支援教育においてチーム援助の一員として重要な役割を果たさなければならない。

支援が必要と思われる子どもにどのような見立てや見通しにそって，それぞれ誰がどのような役割を担い，チームとして協力して取り組んでいくのかを決めるのに，当然診断や心理アセスメントが重要な役割を果たす。また，学校現場が保護者とどうつながっていくのかも大切である。スクールカウンセラーには，心理診断，アセスメントだけでなく，保護者の養育相談，必要に応じて専門機関との連携を行うことが求められる。チームで支援にあたる場合，キーパーソンとしての役割をスクールカウンセラーが担うことも多い。

多くの学校ではスクールカウンセラーは一人しか配置されておらず，子どもに関するすべての問題に，まずは向きあい取り組むことになる。そのためには，苦手な領域や分野も克服しなければならない。ここで著者のいう苦手の克服とは，苦手だからと放棄せず，それならばどこにリファーしたらいいのか，どの部分を自分が支えればいいのかという総合的な判断ができることである。すべてをスクールカウンセラー一人が背負うのではなく，スクールカウンセラーの役割は見立てと問題解決の見通しであると自覚し，自分自身にできることとできないことを見極めて適切な人材や関係機関を活用する，その連携と協働（コラボレーション）こそが求められるのである。一人ひとりの子どもの援助計画には，学校内外の関係者が密接に連携して多角的なかかわりをしていくことが求められる。校内コーディネーターとの連携も大切である。

学校外の関係機関には，医療機関，保健所，精神保健福祉センター，教育相談所，教育センター，児童相談所（子ども家庭センターなどの呼称もある）などがある。

(3) コンサルテーションの活用

制約された環境において，有効なスクールカウンセリングの実現のためのひと

つの方法として，コンサルテーションの活用がある。相談室でのカウンセリングだけでなく，地域援助における中心をなすものである。相談事例の課題を短時間で把握し，具体的な方策を提示するためには，スクールカウンセラーが十分に臨床経験や研修を積むことが求められる。

### (4) 力量をつけることの大切さ

描画法はたしかに簡便であり，十分な訓練を積んだ専門家は描画から描画者のサインを読みとることができるが，非専門家にとってはそれが困難である。どの療法にもいえるが，多くの事例から学んでいくことが大切である。日頃の事例研究会などへの参加，学会のポスター発表や論文集，ケーススタディを紹介した書籍なども参考にしたい。著者も多くの研究を行っているので，巻末の文献を参考にしていただきたい。

スクールカウンセリングで描画法を用いた結果，子どもの問題行動が改善されたり，問題解決がみられた場合，はたして描画法が有効であったのかどうかは一概にはいえない。しかし，セラピストが描画法をどのように用いたのかという，その裁量によるところは大きいといえよう。そして描画法の実施の前後で，子どもに具体的にどのような変化がみられたのか，みられなかったのか，そうした一つひとつの評価を積み重ねていくことも大切である。

青年期以降のカウンセリングにおいて，最近痛切に感じることがある。それは子どもの頃に十分な愛情や人との信頼関係が得られたり，さまざまな問題にぶつかったときに周囲からサポートを受けとることができたといった肯定的な人間関係を重ねてきた人は，大人になってさまざまな問題に遭遇してもそれを解決したり克服したり，それと向きあう勇気となんらかの方策をもっているということである。人は誰しも大なり小なりの欠点や不具合をもち，長い人生のなかでうまくいかないことにしばしば遭遇する。困難を活かすも潰されるも，幼少期から青年期までの体験や成長発達の途上で経験し獲得していくものがいかに大切かということである。

スクールカウンセラー自身が子どもの支援者となり，信頼関係を築くとともに，クライエントである子どもと周囲の人との間に愛情や信頼が感じられる関係をつくりあげていける存在になることは重要である。カウンセリング，臨床心理学，描画法を学ぶ方々におかれては，青少年のために有効な援助が提供できるように力をつけてくださることを心から願っている。

# II部　事　例

　描画法は，診断および評価過程での補助的な使用のみならず，心理療法においての補助具としても用いられている。
　II部では，絵の中で私たちが留意したい点を提示し，絵を解釈するための定式化を試み，初心者の分析家やカウンセラーが診断的投影法のひとつとしての描画法に慣れ親しむことを試みたい。Part 1の事例はアセスメントを主たる目的として用いられたもの，Part 2の事例は主に心理療法の一技法として用いられたもの，と大別している。
　著者が提示する事例について，読者からのさまざまな見方や解釈を期待し，そうした相互交流を望みながらまとめている。
　なお，文中のCoは著者を，Clはクライエントを，PDIは描画後の質問を示す。

Part 1　アセスメントの一手法としての描画法

> アセスメント事例1

# アスペルガー障害のヒカルと養育放棄を訴えた母親（小学生）

### 事例の概要

　家族構成：父，母，ヒカル（小学4年生），妹（幼稚園年長）
　主訴：集団不適応，高機能広汎性発達障害（アスペルガー障害）
　相談の経緯：
　ヒカルは幼少期から単独行動が多く，保育所でも砂場での一人遊びなどが多かった。小学校での対人関係のトラブルや集団での逸脱行動，家庭でも親の言うことを聞かず母親は悩んでいる。小学校入学後は，友だちにけがをさせたり，授業中に多動で，級友の机の上を飛び跳ねたり，教室の後ろで一人遊びをしたりと，行動障害が目立った。小学4年の夏休みに家での多動や行動障害が強くなっていると感じた母親が，学校からの紹介でCoに来談し，その後ヒカルのプレイセラピーと母親面接を行った。ここでは母親の面接過程を中心に記述する。
　母子の初回面接でヒカルは，箱庭のパーツを見つけるやいなや，「これで遊びたい」と言う。ヒカルはパーツを次々箱庭に埋め込んでいく。赤ちゃん，タワー，動物，兵士，等々，次々と砂に埋めてしまう。10分ほど続き，次に見つけたヘリコプターを飛ばしたいと言い，蛇のパーツを見つけて面接室のカーテンに蛇でヘリコプターを結びつけて飛ばそうとする。座ろうと促しても止まらない，次々と遊び続けた。母子別席の面接で母親は「いつもこうなんです。もう家でも私が病気になりそうです。どこかこういう子どもを預って教育してくれるところはないでしょうか」と話しはじめる。母親の話では，家でも動きは止まらず，親の指示はほとんど通らない。1・2年時は，授業中は多動で，母親がほとんどいっしょに教室で過ごした。3年のベテラン女性担任は，管理的な特別支援教育を行った。クラスの班ごとに順番にヒカルの世話係を決め，当番班の数名がヒカルと休み時間に遊んだりヒカルが逸脱行動したときは，戻したりするように決められていた。ヒカルは集団の中におさまっているようにみえたが，4年に進級し，それまでの管理が解かれたとたん，溜まったストレスを発散するかのように教室で動き回るようになった。しかし，若い男性担任がゆったり構えながらも，ヒカルにきちんと一つ一つの行動を待ってやらせた。ヒカルは守られながらも自由を認められていると感じるようになったのか，次第に担任との一対一の関係ができていった。しかし，友だちとのトラブルは絶えず，朝登校したとたんに，同級生に「ふとっちょ，ふとっちょ」と言ってけんかになったり，ガンダムが大好きなヒカルを友だちが「ガンダム，ガンダム」とからかうと，ヒカルは真っ赤になって怒りだし，教室のベランダから飛び降りようとしたこともあった。
　1年後に父親の転勤で遠方の他県に転居することになり，カウンセリングは終了した。来談当初は施設に預けたいと養育放棄のみられた母親がヒカルを受け入れ，養育態度も変化し，ヒカルのクラスでの適応が徐々にはかられた。
　初回および半年後にバウムテストを施行した。

### 描画アセスメント

　① バウムテスト（1回目）
　大きな人型であり，描かれた要素は豊かであ

る。一筆書きの筆跡は1本のかなりしっかりした連続線で描かれている。木の把握は年齢より未熟と思われるが、空間にほどよくしっかり描かれ、調和よくこれをなしとげている。ヒカルは「どこかにおばけがかくれているよ」と書き、彼が感じている外界の圧力の脅威を示唆するかのようである。それはまた、成長の特性において欠如している部分や、退行した状態を示す。具体的には、枝が水平の幹の基部まで描かれていること、小さな樹冠、枝先の手のような処理法などである。木の根は地面ではなく沼から伸びていくところとヒカルは説明した。タイトルは「おばけりんごの木」である。バウムを描き終えた後、右下に小さな自分を描き加えた。

② バウムテスト（2回目）

描線は前回同様に1本線で太くしっかりしており、かつ速くなめらかで伸び伸びしている。明らかに、前回より幹は太くなり、下方ほど細かった前回とは対照的に太くどっしりと描かれている。ヒカルは少なくともCoの前では不安や恐怖に脅えることなく、抑圧されていた生命力を表現できるようになったのではないか。こうして自己をありのまま表現できる場を得たことが、集団場面での適応的な行動につながったと思われた。根っこがなくなったのは、この絵を描いた時期が、ようやく学級になじみだした頃に父親の遠隔地への転勤で転居という不安な時期であったこととの関連が示唆される。おばけはいなくなった。全体的には、一応順調な経過をたどってきたものと思われる。社会的適応性が出てきたとはいえ、発達上の課題や、自我の弱さなど未解決の部分も残っており、気になりながらの転居による終了となった。

2枚とも図式期の描画であり、精神発達面での未熟さがみられる。また2枚とも擬人化がみられ、枝が人間の手と腕のように描かれ、用紙全体に下縁から立っている人像を象徴している。

① バウムテスト（1回目）

② バウムテスト（2回目）

幼児的、自己中心的アニミズム心性が基盤にあると考えられる。幼稚園児では発達過程上決して病的であるとはいえないが、学童期および思春期に起こったアニミズムは、病理性を示唆する場合もある。

アセスメント事例2

# 自閉傾向をともなうADHDを抱えたリクト（小学生）

## 事例の概要

家族構成：父，母，リクト（小学5年生），弟（小学3年生），弟（小学1年生）

主訴：高機能広汎性発達障害（アスペルガー症候群），ADHD

相談の経緯：

リクトは幼少期から電車が好きで，毎日電車が走るのを眺めて過ごした。こだわりが強く，ちょっとしたことでパニックになる。小学校入学後も集団行動が苦手で不安傾向が続き，4年時に病院で自閉症をともなうADHDと診断された。そののち小学5年生では来談後の医学的検査で高機能広汎性発達障害（アスペルガー症候群）およびADHDの診断となった。学校では，休み時間に教室からふらっと飛び出したまま帰らず見つけると逃げる，特定の友だちへの恐怖を訴える，集団行動がとれない等々，集団での適応が難しくなり，小学6年生の秋に学校の紹介でCoに来談した。リクトは普通学級に在籍している。

初回面接のリクトは，緊張して硬くなっており，数分同席したあと別室に分かれた。リクトを担当したカウンセラーからの報告では，緊張が強く，一人で紙に地図や絵を書いていた。母親はリクトが学校で，わがままな行動ととられ，正しく理解されていないことが一番気がかりという。まずは学校との連携をはかりながら，養育方法や家庭でできるスキルなどを助言する。

リクトは，数字が得意で，友だちとのコミュニケーションも数字でとる。「おまえの体重と身長を言え」とメモを好きな女の子に渡し，いやがられてもやめない。応用問題は苦手で，マークは得意。音が苦手で，融通がきかず，儀式的で，予定変更にはパニック状態になる。6年生のクラスで女の子とのトラブルがあり，教員から強く叱責され，それを機に学校では言葉が出なくなった。その後Coと学校とが連携し，中学卒業までの間，学校と家庭そして専門機関が連携しての特別支援教育体制を組み立てた。校内適正委員会を中心に校内の支援体制づくりをすすめた。リクトの教科指導やソーシャルスキルトレーニングに個別支援をとり入れた特別支援教育を行った。

大人がモデルを示し，模範学習を行う。社会的理解の学習を促すソーシャルスキルとしてのかかわり方により集団適応力を高める。一斉授業や行事では情報量が多すぎたり，適切な行動がわかりにくいことを補うための個別支援を行う。耳からの情報処理の苦手なリクトにはできるだけカードなど目で確認できる方法を併用する。これらの特別支援教育の展開により，リクトは徐々に集団での不適応行動が修正され，担任や個別支援者との信頼関係ができるにつれて一定の時間なら集団行動をとれたり，特定の友だちとは仲間行動を求めるようになった。給食当番や掃除当番にも徐々に参加できた。こうした継続した支援体制がとられ，3年生の修学旅行に参加し，ほとんど集団と同じメニューで行動した。いやがっていたお風呂にも担任と一緒に入った。この頃から，リクトに学校での会話が特定の者には徐々に戻り，同年齢との交流はまだ苦手だが，教員や大人との意思の疎通がはかられ，言語を用いた自己表現やコミュニケーションも徐々にできるようになった。

初回面接にバウムテスト，9回目の面接でKFDとKSD，12回目の面接で2度目のバウムテストを施行した。

## 描画アセスメント
　① バウムテスト（1回目）
　幹に対して小さな樹冠が印象的で，自我防衛的で萎縮した表現でもある。枝や葉はなく，円で描かれた小さな実が8つ描かれている。実には「木の実」と文字が書かれ，絵の中に文字を書き加えている。幹は空白であり，情緒の表現の乏しさがみられる。リクトの先生からの強い叱責による緘黙が，不安の対象から回避できない場面で働く自我防衛反応の一種であり，また不満な状況への反抗や拒否の間接的な表現でもあることとの関連が推察されよう。地平線は描かれず，樹冠も葉ぶりはなく，社会との接触を避け，内向したリクトが推察される。樹冠はアーケード型の半円形の輪郭で描かれており，非常に感受性の強いリクトのパーソナリティを示唆している。

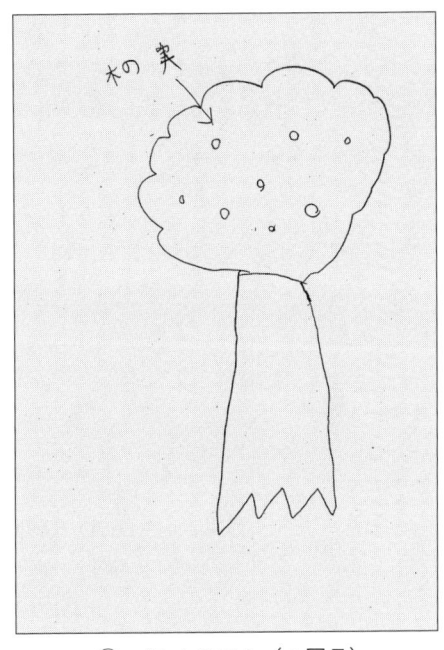

　② バウムテスト（2回目）
　前回のバウムテストよりも全体に安定感が感じられる。用紙の表に「どんぐりの木」と書き，一般化した木ではなく特定の木がイメージされている。前回より木の高さに対して幹が太くなり，リクトの情緒の安定がはかられているようにうかがえる。どんぐりの実は枝につかず，樹冠の中で浮いてぶらさがっている。尖った実からは，先生や仲間からの孤立感や，自信喪失したリクトの心理状態が投影されている。

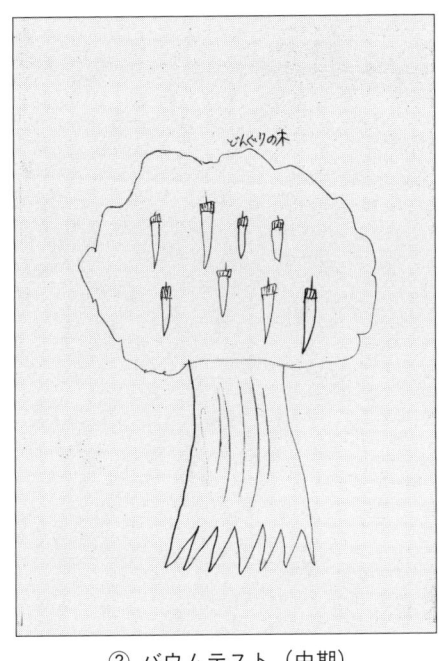

① バウムテスト（1回目）

② バウムテスト（中期）

③ KFD

　人物像は描かれず，図面化された家が描かれている。描画後にPDIで，リクトは「ぼくの家で，ぼくとお母さんとお父さんと弟が住んでいる」と紙に書いて説明するが，絵には人物像が描かれず，物質性の重視された絵である。人物間の心の相互交流がみられず，対人関係の困難さがうかがえる。

④ KSD

　校舎全体が図面化して描かれ，上部に鳥瞰図的に教室の机全体が描かれている。リクトの心の中の学校は人と人が交流する場ではなく，機械的に教室や机や椅子や器具が配置された場なのだろうか。人とのコミュニケーションに困難を抱えるリクトがとらえた学校イメージともみられる。クラス名のプレートは正確に書かれ，各教室の配置も正しく描写されている。リクトの特徴的なスタイルである。

③ KFD

④ KSD

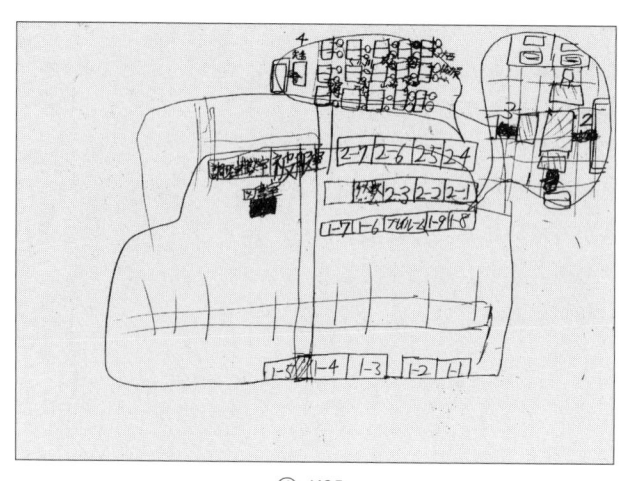

## アセスメント事例3

# 問題行動の背景にADHDが隠れていたジュン（中学生）

### 事例の概要

**家族構成**：祖父，祖母，父，母，ジュン（中学1年生），弟（小学2年生）

**主訴**：ADHD

**相談の経緯**：

ジュンは幼少期から育てにくい子で，同年齢の子どもとよくトラブルがあった。小学5年のときに，大事に集めている牛乳キャップを捨てられたことに腹を立て，その子をなぐってけがをさせた。6年のときには，掃除箱のホウキで遊んでいるところを担任の教員から叱責され，その教員をなぐりけがをさせた。その際小学校から児童相談所への相談を勧められて母親はしばらく通ったが，進展のない子育ての話にいや気がさしてそのうち通わなくなった。近くの児童精神科を受診しADHDと診断され，反抗挑戦性のタイプといわれた。知的には遅れはない。医学的治療として，中枢刺激薬も服用したが効果は出なかった。中学入学後，教員への反抗的言動が著しくなり，3学期には授業中の態度を注意した教員をなぐるという事件があり，学校からの勧めでCoに来談した。

初回面接の母親の話や学校からの情報によると，ジュンのもつ困難性は，①感情のコントロールが苦手で，学校で落ち着きがない，②自分の興味がある分野については集中できるが，たいていのことには集中が難しい，③社会・対人機能の困難，④興味・活動の限局性，⑤自尊感情，自己意識の不適切な発達，などが考えられる。集団生活へ適応が困難で，大人側の強い叱責や制止を受けることで自己評価を下げ，周囲の大人たちとの間に悪循環が生じることでの反抗挑戦性障害への発展を防ぐことが必要と考えられた。二次的問題の発生の阻止と環境調整を主とし，ジュンの自立や学校適応に向けて，その教育的ニーズを把握し，生活や学習上の困難を改善または克服する教育や指導のために学校と連携する。

具体的には，①行動変容の目標の設定，②個別教育プログラムの立案と作成，③統合的アプローチ（家庭・学校・Coの連携，支援に関わる教職員の共通理解）などを行った。学校環境の調整として，①学習しやすい環境の整備（過剰の刺激のコントロール，落ち着ける・集中できる環境をつくる，時間・空間の構造化），②友人関係へのアプローチ，③教師との関係へのアプローチ，④適切な援助を行うための正しい心理学的理解，⑤家庭への指導援助（母子関係の調整や両親の養育態度の改善への助言），⑥行動変容への目標を立てる，などを実施した。二次的問題の発生の防止として，①特有の言動により周囲から孤立しがちなジュンへの特別支援を行う，②校内にほっとできる安全地帯や，気分のイライラしたときに落ち着く場所を設置する，③いつでもSOSが出せるように配慮する，④個別指導計画を作成する，とした。月に1回のカウンセリングを高校進学まで実施した。学校での問題行動を繰り返したジュンは，高校進学をあきらめかけたが，担任の教員の熱心な進路指導で，希望の定時制高校に入学した。

5回目の面接にバウムテストを，次の回にKFDとKSDを施行した。以下にその描画と解釈を示す。

**描画アセスメント**

① バウムテスト

　この絵の特徴は，樹冠の中に書かれた数字である。7％，50％，43％，と書かれており，ジュンは「7％は自分，50％は恨み，43％は復讐」と説明した。心の9割以上を恨みや復讐が占めているジュンの孤独を感じさせる。木の描かれた領域は用紙の左側に偏在している。木の右側の陰影は，空間図式的には左を過去，あるいは内とするという仮説によれば，過去から未来を，内から外をみているとも解釈できる。過去にとらわれ，内から外をみる，父親との折り合いが悪く母性性に執着するジュンの表れとも受け取れる。横向きに用いられた用紙からは，自分が周囲の環境に合わせていくことの苦手なまさにジュンの現在の感覚の表れか，あるいは青年期前期の空間世界への逃避傾向という見方もできる。木のサイズは小さく，外への攻撃的，能動的な行動をとるジュンの自己肥大型の行動とは異なり，自己否定感や自信のなさが推察される。しかし，木の輪郭の線の太さやタッチの強さから，頑固に父親に反発し，校則や社会のルールに反発するジュンの我の強さがうかがわれる。樹冠の波形からはジュンの感受性の豊かさが，幹の陰影からは不安や防衛がみられる。個性的で快楽追求的，ムードに弱い，感受性の強さが投影され，ジュンの問題行動が，逃避や脱落からだけでなく，規制の枠にはまらない奇抜さを追い求めるジュンの心性，今の自分を刷新したいことからでもある，積極的な姿がみられる。用紙に斜めに引かれた線は右上から左下方向に向かっているとジュンは話した，すなわち，過去や内面の世界に向かっており，過去から解放されないジュンの内面を示唆する。

① バウムテスト

② KFD

最初に描いたのは「黒い影」で「宙に浮いている」と説明した。2番目は弟，3番目は弟の友だち，でそれぞれ「暴走している」と説明した。自己像は描かれず，自己否定感や家族からの回避がうかがわれる。実際の家族を描かず，宙に浮いた黒い影は，ジュンを襲う不安や恐怖，ジュンが感じている外界の圧力の脅威を示唆している。また，その黒い影は家の上空から彼の家族全体を覆うようにもみえる。さらに，弟とその友だちは，人物像ではなく，一輪車に絵文字で表現され，人物が描けないジュンからは，人への不信感や脅威を強く感じている状況が示唆される。不安や恐怖，そして空虚な心を投影しているようでもある。

② KFD

③ KSD

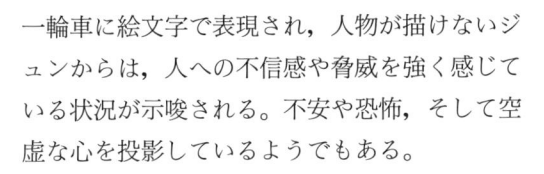

最初に先生像を描き，小学6年の担任と説明した。他の6名はすべて「知らない友だち」と説明した。2番目に描いた友だちは寝ている，3番目はゲームしている，4番目は遊んでいる，5番目はあくびしている，6番目は呆れている，7番目は立っている，と説明した。6名の友だち像が担任を取り囲み，しかも全員が個々にばらばらの行為をしている状況から，先生と子どもたちとの心の交流はみられない。7人の人物像は輪郭だけが描かれている。自己像は描かれず，学校でのジュンの自己否定感や学校場面での対人関係の回避がうかがわれる。先生像は，やはり絵文字の顔となっている。この絵を描いた当時，ジュンは学校で先生に強く反発し，注意をうけ続けているさなかであり，また同級生からも孤立している時期であった。こうした状況が反映されているのであろうか。

③ KSD

> アセスメント事例4

# 学習困難やてんかん発作を抱えるマコトと両親（中学生）

## 事例の概要

**家族構成**：父，母，マコト（中学2年生）
**主訴**：学習障害，てんかん，対人関係が苦手
**相談の経緯**：

マコトは幼少期からてんかん発作があり，抗てんかん薬での発作のコントロールが難しく，発作頻度も高く，脳波所見もみられた。小学低学年から数回入院したが，投薬調整も難しく発作は消失しなかった。毎日のように軽いけいれん発作があるが，ほとんど早朝に自宅で起こり，学校ではめったにないため登校は続けた。日中の発作は，時々疲れが溜まったときにみられ，発作で自転車に乗っていて転んだこともある。薬の副作用で午後から授業中に寝てしまうこともあったが，薬が変わるとほぼなくなった。中学校では軟式テニス部に入るが，運動は苦手なこともありほとんど見学した。疲れが溜まり発作の危険が高いときには部活を休むように母親から言われるが，そのことを部員に説明できず，結局試合に同行して後で母親が迎えに来ることも何度かあった。中学1年後半には，学習困難に悩み，進路の不安なども抱えて，中学2年4月に来談した。

英語はアルファベットは時間をかけて書くが，単語はなかなか覚えられず，文章理解は困難である。他教科でも字を書く速度が極端に遅く授業中に板書できず，授業についていけない。両親は，マコトの妊娠をきっかけに結婚したが，父親はまだ結婚したくなかったという。マコトが小学校に入る頃から，発作や学習上の問題に母親が悩みはじめたが，父親はマコトには無関心で，家にはほとんどいなかった。何度かのマコトの入院にも父親は一度も顔をみせなかった。マコトの学習の偏りは，とくに記憶の障害が著しい。母親からの聞き取りでは，視覚・聴覚ともに短期記憶，長期記憶ともに苦手で，運動では，微細運動がとくに苦手で不器用である。二次的な情緒障害や問題行動の発生を防止するための方法として両親の役割の認識が必須と思われたが，父親に来談意欲がなく，最初の1年は母親を通して助言した。中学2年の3学期には父親の来談が実現し，その後二度の面接を通して父親には，今すぐに無理しなくてもいい，やがて父親の出番がくる，それまでは粘り強く，両親想いのマコトをほめながら見守るよう助言する。マコトが中学3年の4月に入院したときには初めて父親が見舞った。両親の悩みである学習については，現実の発達レベルにあった段階的なゴール設定を助言した。学校と連携し担任や養護の教員の協力が得られ，週2回の放課後の個別指導が実現した。また，自宅での学習支援にはメンタルフレンドなどで対応した。マコトの学力はゆっくりだが次第に定着し，個別指導の充実した高校を選択し合格した。入学後1学期に2回のフォローのあとスクールカウンセリングは終了した。

高校入学後は，家庭の継続した支援と学校での個別支援教育によって，周囲が驚くほど自信をつけていった。2年では学級で風紀委員を引き受けるほどに適応した。

カウンセリング初期にバウムテストに誘うが描かず，中学2年の半ばにバウムテストを施行し，その次の面接ではKFDとKSDを描いた。その描画と解釈を以下に示す。

### 描画アセスメント

#### ① バウムテスト

初回面接でバウムテストに誘うが，マコトは防衛が強く描くことを拒否した。その後タイミングをみて7か月後に再度誘ってみたら今度は抵抗なく承諾したが「あっちで描きたい」といって面接室の隅にある別のテーブルで描いた。描画後マコトは「なんの木かわからない」と話した。このバウムの特徴は，まず幼い描写で，一見してその退行がみられることである。具体的には，幹の基部まで描かれた枝，樹冠外部の小動物のような実，小さな樹冠，先の丸めた枝先の処理などがこの退行を示している。描線は太くしっかりし，なめらかで伸び伸びして，力強い線が踊っている。マコトは少なくともCoとの面接場面では，生き生きと生命力を表現するようになったといえよう。しかし逆に，同じ面接場面で時折見せる緊張や怯えの陰うつな姿からは，こうした自己の両面をそのまま見せられる場を得たと考えられ，そのことが集団場面での適応的な行動にもつながったと思われる。枝が人間の腕と手のように描かれ，地平に立った人間像を象徴し，擬人化された印象を受ける。幼児期の自己中心的アニミズム心性がこの基盤に秘められているが，14歳という年齢からは，やはり退行がみられる。樹冠そのものが人間の顔に見立てられ，枝や実を利用した鼻や口，地上に延長した左右の蛇のような木の根，樹冠には人間の顔が描かれている。全体として，木は空間にほどよくしっかりと描かれ，調和よくなしとげられている。筆跡は全く邪魔されず，描かれた要素も豊かである。

#### ② KFD

筆跡は邪魔されず太くしっかりして伸び伸びと一気に描かれた。「料理をしているお母さん」と「ごはんを食べてるぼく」を描き，マコトに無関心な父親は描かれていない。しかし，料理

① バウムテスト

する母親像のフライパンの中には目玉焼きが3個描かれ，マコトの父親へのアンビバレントな気持ちが推察される。料理という母親への愛情欲求や温もりの表現でもあるが，料理する母親像の腕が見事に回され，攻撃性もうかがわれる。しかし，一方では，母親像と自己像の間に描かれた冷蔵庫からの冷たさは，料理の熱のシンボルとは反対である。冷蔵庫は養育の源でもあるが，冷たい性質をもったものでもある。冷蔵庫のそばに立ち料理する母親はマコトの養育欲求を反映している。マコトは母親との関係では，充足されない依存感情があると考えられる。さらにこの冷蔵庫を利用して描画が区分化されていることに注目したい。マコトが家庭間で築かれた感情を回避するかのようでもある。母親とマコトはお互いに背面であるが，顔の表情は正面向きという両者の微妙な関係の表現でもある。

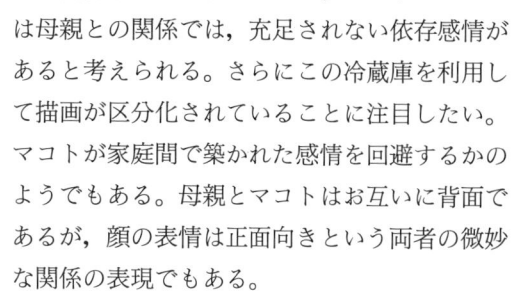

② KFD

③ KSD

　先生像，友だち像，自己像の順序で描いた。立っているところと説明し，楽しそうな表情で3人が並んでいる。しかし，先生像の腕と友だち像の腕は，激しく回されており攻撃性がうかがえる。最後に一番小さく描かれた自己像だけは，腕に動きや攻撃性がみられない。学校場面でのマコトの自信のなさや人との違和感や低いエネルギー，先生や友だちからの脅威がうかがわれる。いったん友だち像と同列に描きはじめたが，消しゴムで消して自己像だけ下のほうの位置に修正した。周囲より上に出ることのないマコトの自己の位置づけのようでもある。腕のつき方や手の描き方など，中学生のマコトとしては幼稚な絵でもある。

③ KSD

## アセスメント事例5

# 小学3年生から不登校を繰り返したシオリ（中学生）

### 事例の概要

　家族構成：父，母，姉（高校2年生），シオリ（中学2年生）

　主訴：不登校

　相談の経緯：

　シオリは，小学3年のクラスが学級崩壊状態で，担任の教員は大声で子どもたちを叱り，シオリは自分が叱られたかのようにおびえるようになる。2学期途中から登校できなくなり，母親が付き添い登校して，教室は母子で過ごす。4年時も母親が付き添って登校し，母親が一緒なら教室で過ごせた。5年時で再び登校できなくなったが，朝になると腹痛を訴えたり微熱が出て，今度は母親が付き添っても登校できず，明日は登校すると約束して寝るが登校できない日が続く。そのまま家で引きこもる生活となり，不登校状態のまま小学校を卒業した。家で学習はしないが母親の手伝いは時々する。幼稚園からの友だち一人と近所の友だち二人が，時々週末になると遊びにきてくれた。中学は入学式にだけは出席したが，その翌日から登校できずに1年が過ぎ，将来を案じた母親がシオリを連れて，2年の5月にCoに来談した。

　初回面接ではシオリはほとんど話さず，母のほうを向いている。Coの問いかけには小声や表情だけで応える。初回面接時にバウムテストに誘うと抵抗なく描いた。シオリの自信回復や学校への抵抗の軽減や心身のコントロールなどをはかりながら，自我の成長を支え促していく。教室にいきなり入ることは難しいので，まずは担任や学年との連携をはかり，最初は週1回からの放課後登校を目標にカウンセリングや担任の家庭訪問などでさまざまな機会を作り試みた。幼児性のみられるシオリには，キャラクターシールなど喜ぶのではないかとの担任への助言に，すぐに用意された褒美のキャラクターシールをシオリはたいそう喜んだ。母子での放課後登校が半年続いたが，そのうちに一人で放課後登校するようになった。3年生になり保健室と連携した。保健室登校した日は，小学生の頃からの幼な友だち2～3名から始めて，徐々に数名程度が給食を一緒に食べるようになり，シオリは次第にそのまま5時間目の授業に誘われて教室に入るようになった。2学期は，シオリの好きな家庭科や美術の授業などから徐々に参加できるように教科担当の教員とも連携した。家でも「勉強するから家庭教師をつけて欲しい」とシオリ自ら言い出して，週に2回，英語と数学の勉強を始めた。その当日まで「緊張するから無理」と言っていた修学旅行にシオリは参加できた。最初の日こそ集団行動では食事も喉を通らなかったが，翌朝からは全員と同じメニューでほとんどすべて参加した。旅行から帰宅したあと2～3日は眠り込んで登校できなかったが，その後シオリは前よりも徐々に登校の回数が増え，半分くらいは教室に入れるようになった。

　「小学生からの長いブランクがある，今まで怠けていたから受験勉強までは追いつかない」と言い，進路は通信制高校と提携した家政の専門学校に進学した。カウンセリングは終了し，その後はフォローしながら高校を卒業した。

　初回面接でバウムテストを施行し，7回目の面接では，KFDとKSDを描いた。以下にその描画とそれぞれの解釈を示す。

## 描画アセスメント

### ① バウムテスト

描画後の質問では、シオリは「なしの木で、地面に立っている」と話した。

このバウムの特徴は、太すぎる空白の幹、葉の少なさ、縦の陰影のストロークで覆われた地面のラインである。陰影の付加は、恥ずかしさの指標ともみられ、全体の構成からも、年齢よりも幼稚な行動様式への傾向が推察される。先の閉じられた枝が若干みられるが、枝先は自己と他者の接触点の象徴ともみられ、閉じた枝先はエネルギーの流出入への抵抗を表し、シオリの孤立感を示唆している。また、発達的には、これは小学校低学年までの描画形式であり、この幼児的で図式的な描写は、シオリが中学生年齢であることからは、外界の認識や把握が画一的で、年齢相応な抽象的思考や柔軟な適応行動がとれないことを示唆している。したがって、周囲の友だちについていけず、取り残された感じをもつ。さらに幹だけが太く描かれていることからは劣等感からくる自我肥大が投影されている。葉が描かれないことや、外界との接触点といわれる枝の先のこの描写は、シオリの外界に対する態度が消極的で抑圧されているとも解釈できる。対人関係における抑圧、自我肥大の基盤にある劣等感や自己否定感がうかがわれる。

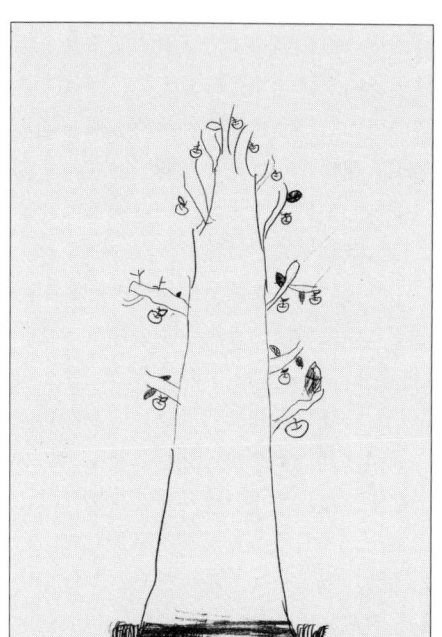

### ② KFD

父親像は縄跳び、母親像はバレーボール、姉像はテニス、自己像はドッジボールで、家族全員が個々に別々の行為をし、一見一列に仲良く並んでいるようにみえる4人の人物像であるが、PDIからも家族の心の交流はみられない。父親像を除く三人が球技であり、エネルギーをどこにも向けられずにボールを抱えている姿ともとらえられる。家族全員の下に人物下線を引き、家族内への不安定感が示唆されるが、一方ではこのラインによって安定を維持しようとしているシオリの強いストレスや不安定さがうかがわれる。父親像、母親像、姉像、自己像という年齢順の描画順位からは、シオリが家族を形式的にとらえていると示唆される。父親像が縄跳びで包囲され、母親像と父親像との間が、姉妹像と母親像との間の距離よりも離れ、小学生の不登校の頃に厳しく叱られた父親に対する特別な感情がうかがわれる。右上部に笑った太陽が半

① バウムテスト

② KFD

分描かれ，中学2年としては幼児的な表現である。

③ KSD

　先生像，友だち像，自己像の順で描かれ，友だち像は自己像や先生像の2倍くらいに大きい。学校場面での，シオリの自信のなさや劣等感，自己否定感がうかがえる。3頭身の人物像や，描かれない頭頂部などからも，発達的には幼稚な描画形式である。先生像が小さく描かれ，その先生像にだけ目が描かれていないことから，学習や権威の象徴である先生への否定感がうかがわれる。用紙の左右の端に描かれたバスケットボールのゴールネットがシオリの学校での閉塞感を表しているようでもある。

　このバスケットボール場面を描いた1年後に，教室での授業にはまだ短時間しか参加できないシオリが，球技大会のバスケットボールに参加した。

③ KSD

## アセスメント事例 6

# 家が全焼した後，心身の不調が現れたタロウ（中学生）

**事例の概要**

家族構成：父，母，姉（大学生），タロウ（中学2年生）

主訴：火災後の心のケア

相談の経緯：

タロウは幼少期より明るく，誰にでも優しく気づかいをする。中学入学後は，卓球部の活動にも熱心で，学校の勉強も真面目に取り組み，成績も中位で，親にも心配をかけない子どもである。大学生の姉が成績優秀で一流大学に通学しており，周囲からも親からもしばしば姉と比較される。もうすぐ中学3年という春休みのある日の深夜，自宅が全焼した。姉の部屋から出火し，原因は姉の寝たばこみられるが，学校への説明では出火原因不明となっている。家族は全員擦り傷程度だったが家は全焼し，タロウは学校の道具もすべて失った。火災当日，担任の教員が家族の運ばれた病院を見舞ったときも，タロウは「大丈夫です」と気丈な姿に見えた。その後，タロウは3年の4月始業式から休まず登校し，明るく振る舞っていた。1か月ほど経過した頃から，タロウが心身の不調で欠席しはじめたことを案じた担任のすすめで，両親とタロウがCoを来談した。

母子並行面接とするが，カウンセリングは別席で行う。初回面接でのタロウは火災のことを自ら話すなど，表面的には明るくふるまい，抑うつ状態などもみられない。火災以来，先生やクラスメートが，教材を調達してくれたり，優しく声をかけてくれており，タロウは，「今は学校に来るのが唯一の支え，学校が一番安らぐ」と話した。火災の火元の姉をかばい続け，家族の中で，一番評価されないが，その分一番気をつかってきたタロウの心情が伝わる。

両親との面接では，自宅を再建するかどうかなど，現実的な検討も必要となるが，タロウとの面接では，タロウの今抱える心の問題が明らかになる。火災の火元の姉をかばう気持ちと姉への非難との葛藤，さらに家族のそれぞれの苦悩を背負い込んだタロウの心の重荷が伝わる。タロウは「姉が自分の部屋から出火したことで一番傷ついていると思い心配です」と話す。両親に，タロウのそうした心境を伝え，タロウへの理解とねぎらいを助言する。面接初期の両親からの話は，被災後の仮住まいが姉の通学に不便であること，姉の心の傷が心配であることなど，姉のことを案じる言葉がほとんどを占め，両親にとって，これまでのタロウの役割が当然になってしまい，タロウの気持ちや苦悩を推し量ることなく接してきたことが推察された。カウンセリングを通して，両親は，改めてタロウの家族内での気づかいや役割を認め，タロウを理解しその気持ちを受容しようと変化がみられるようになった。タロウが一人で抱え込んでいた家族の心の重荷を家族の皆で分かち合うことで，タロウの情緒の安定が徐々にはかられ，タロウの心身の状態も回復し，3か月でカウンセリングはいったん終結した。その後のフォローを家庭と学校が連携し，タロウは3年に進級後のクラスにも適応し，やがて再建していた家も完成した。

初回面接でバウムテストを施行した，2回目の面接でKFDとKSDを描いた。以下にその描画と解釈を示す。

## 描画アセスメント

### ① バウムテスト

火災後 1 か月経過した時点で描かれたバウムである。描かれた枯れ木からは、火災という外界の圧力によって自分が犠牲になっていると感じはじめたタロウの内界や、あたかもその運命からの自己防衛を放棄した状況、そしてその運命を非難すべきとさえ感じているタロウの心境が推察される。PDI では「枯れ木が何もないところに立っている」と話し、未来を想像できない、あるいは未来に脅威を感じるタロウが投影されているとみられる。しかし、若干右に傾いた枯れ木からは、タロウの未来や積極性への志向性が感じられるようにも思われる。

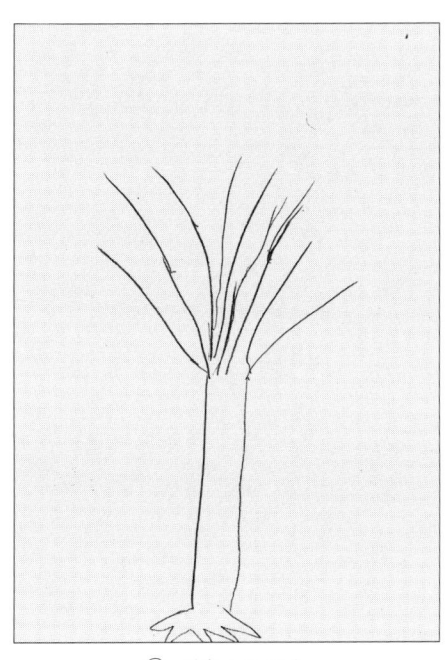

### ② KFD

「みんなで食事しているところ」と話したが、食卓上には食べ物も何もなく、家の中には食卓の他には何もみられない。火災で家も家財もすべてを喪失した一家の姿のようにみられる。自宅を全焼し、仮住まいでの家族の生活の、物質的にも精神的にも空虚な描写である。さらに、食べ物のない食卓からは、温かさや愛情の乏しさが示唆されている。また、描かれた家族の人物像は、父親像と母親像と自己像は顔が描かれず、姉像は背面であり、家族間の心の相互交流はみられない。人物像すべての顔が描かれないところに、タロウの否定的感情や防衛、そして家族間の葛藤がうかがわれる。家族の描画順位は、父親像、母親像、自己像と描き、最後に姉像を描いた。その姉だけはテーブルで身体が切断されている。火元とみられる、両親の期待の大きい姉へのアンビバレントな感情がうかがわれる。

① バウムテスト

② KFD

③ KSD

　体育でテニスをしている場面である。それぞれの人物像の大きさに対して，身長ほどある大きなラケットは攻撃性を示唆しているともみられるが，ボールは描かれず，友人たちとの競争を避けた葛藤場面ともとらえられる。先生像だけはラケットを持たずに立っており，先生を特別の存在としてとらえているようでもある。エネルギーの低い家族画に比べて，エネルギーの高さの感じられる活動場面である。左上方に自己像を最初に描き，三人の友だち像を描いたあと最後に先生像を描いた，学校場面での自己主張の感じられる表現でもある。人物像に顔が描かれず，他者への防衛的で否定的な一面が示唆されている。自己像の身長ほどあるタロウの持つラケットの大きさが，この運命への怒りの象徴のようでもある。コートを使って一人一人を区分しており，周囲から優しくされ温かい気づかいを受けながらも，タロウの孤立感が表現されている。全体としては，家族画に比べて人物間の交流がみられる描写であり，「今は学校に来るのが心の支え」と話すタロウの気持ちが表現されている。

③ KSD

## アセスメント事例 7

# 登校途上に変質者に刃物で傷つけられたアカネ（中学生）

### 事例の概要

**家族構成**：父，母，アカネ（中学 2 年生），妹（小学 4 年生）

**主訴**：変質者に襲われた後の心のケア

**相談の経緯**：

アカネは幼少期から病弱でアトピー症状に悩むが，小学校はほとんど休まず登校した。中学 1 年の前半もほとんど登校したが，後半からは断続的な欠席が増えた。中学 2 年の 5 月に 2 泊 3 日の転地学習に参加した後，力が抜けたように登校しなくなった。家でパソコンの前で 1 日過ごし，外出もほとんどしなくなった。2 学期が始まり，両親はフルタイムの仕事のため，心配した養護教諭が同伴でアカネと来談した。

週 1 回のカウンセリングでアカネは徐々に自分のペースで登校する方法を選び，入りやすい授業を選んで，遅刻や早退しながらも登校を再開した。登校再開後 1 か月が過ぎた日の朝，登校途上のアカネは，いきなり変質者に刃物を振るわれ，顔と肩口を切りつけられた。その日は登校時間よりも 30 分ほど遅れて登校していた。幸い傷は軽症で，病院で手当てを受けたあと，翌日からは登校してもいいと医師から言われた。しかし，翌日の朝，家族が起こしても布団から出ず，翌々日から再び登校しなくなった。事件数日後の面接で，アカネは小学校 5 年のときの事件を語った。朝の登校時，自宅マンションのエレベータの中で痴漢にあい大声で叫んだら，父親が家から飛び出して犯人を捕まえて警察につきだした。このとき目撃者がなかったことから，アカネは，周囲から事件の事実を疑われている，自分一人が大げさに騒いだと皆が冷ややかに自分を見ていると思いはじめた。それに対して今回の出来事は連続傷害事件で，3 日前にも近隣で同様の被害があり，周囲の誰も疑わず温かくしてくれると話した。アカネの今回のショックを案じ，母親も来談した。その次の面接でアカネは，今はしばらく学校には行けない，自分の居場所がほしいと言った。Co からは，アカネが自分の気持ちが言えたことを労い，しばらくは保健室登校ができるように調整し，2 学期は保健室で過ごした。アカネは周囲が理解してくれる，5 年のときより温かいと話した。警察からも心のケアとして警察でのカウンセリングを勧められたが，アカネはここで大丈夫と断った。面接で，再び小学 5 年時の事件を話しはじめた。怖かったこと，目撃者がなく周囲から疑われ苦しんだこと，最初にそう思いはじめたのはクラスメートのこそこそ話を聞いてから。次第に，自分が被害者として周囲からどう思われるのか不安になり，被害感をもつようになった。「あの事件のことやっと話せた。そんなこと思わなくてよかったんですね。自分が自分を知っていればいい」と話した。「もう大丈夫，自分を大事にやっていきます。たくさん聞いてくださってありがとう。温かい気持ちたくさんくださってありがとう」という言葉を残してカウンセリングは終了した。3 学期から教室にも入った。その後，好きなデザインを学びたいと高校の美術科に進学し，充実した高校生活を送っているとの報告があった。

初回面接でバウムテストを施行した。2 か月後（事件後）に 2 枚目を描き，終了時に 3 枚目を描いた。その描画と解釈を以下に示す。

## 描画アセスメント

### ① バウムテスト（カウンセリング初期）

　描画後アカネは「果物の木がやわらかい所にある」と話した。この樹木の特徴は、小さな樹冠、樹冠から外に飛び出すように描かれた多種類の果物、地平線が描かれず樹木が浮遊していること、葉の省略、枝の省略などである。まず、閉じた小さな樹冠からは、情緒の未成熟や、情緒に支配されやすさがうかがわれる。果物の描き方からは、外界に対する感情の強調や幼児性がみられる。枝の省略は、まだエネルギーを振り向ける具体的な方策のないことが示唆される。樹冠はなだらかな波形ではあるが比較的強く描かれ、環境の意識の強調がみられる。思春期前期によくみられる、幹は根がなく、そのまま画面の下縁におかれている、根づきがない描写である。地平線の欠如や立体描写の欠如からは、精神発達が多少未熟で洞察力や社会性を欠くことが、葉の欠如からは、抑制的で人づきあいの苦手さが、推察される。

① バウムテスト（カウンセリング初期）

### ② バウムテスト（カウンセリング中期）

　この木の特徴は、細くて長い幹、落ちていく実、二重に描かれた樹冠などである。描線にもためらいが多く、生き生きしたところはみられない。緊張が相当高くて、感情を抑え込んでしまっているともみられる。おそらく動きを抑えることでかろうじて均衡を保っている、アカネの心的外傷とも関連が示唆される。開放に近い幹は、退行や行き先不安を示しているようにも思われる。葉の省略からは感情表現の困難さが、若干右に膨らんだ幹の基部からは、権威に対する恐れがうかがえる。半円形のアーケード型の樹冠の輪郭からは、アカネの神経過敏性や感受性の強さがみてとれる。全体の高さの割に小さな樹冠や落下する実からは、隠された深い問題が示唆されている。

② バウムテスト（カウンセリング中期）

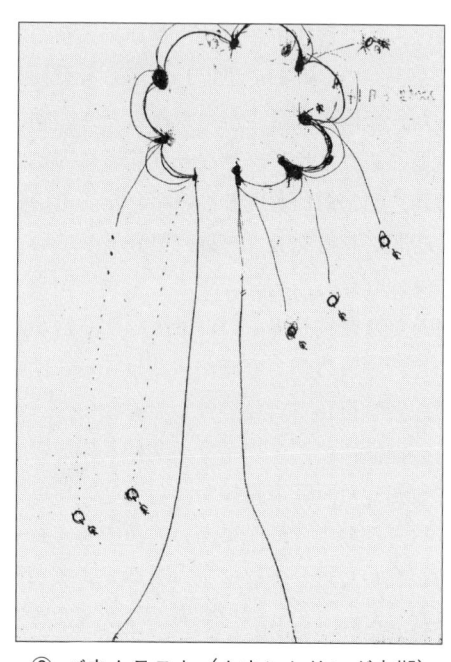

③ バウムテスト(カウンセリング後期)

　大きな変化は,樹木が全体に大きくなり,幹の幅も太くなり,樹冠と幹との大きさの違和感が減少し,運動感が出てきたことである。樹冠の線も動きの早い波模様を呈し,前回みられた樹冠の二重線も消失している。緊張して外界,内界からの脅威に耐え,なんとか最小限の均衡を保とうとしていた状態はある程度改善されたともみてとれる。幹と樹冠のバランスや描線の活性化などは,この間のアカネの成長を表すものであろう。繊細で不安定な筆跡も減少し,神経過敏性や傷つきやすさや心理的不安定の軽減や,理性と感情の間の緊張関係の軽減が示唆される。治療もこういった細かな変化を尊重して展開した。

　初回のバウムテストと同様に,樹冠の波形のラインは若干強く描かれ,環境への意識がうかがわれる。やはり,根づきはなく,そのまま画面の下縁におかれている。地平線や立体描写の欠如からは,精神発達の未熟さや洞察力や社会性の希薄さが,葉の欠如からは,抑制的で人づきあいの苦手さが,推察される。幹の傷からは不安が示唆されるが,前回のバウムでは真っ黒な小さな実がみかんの実に成長し,アカネの将来への希望がうかがわれる。

　PDIでは「前に描いた木が成長した」と話した。

③ バウムテスト(カウンセリング後期)

### アセスメント事例 8

# 両親の離婚から情緒が混乱した不登校のタカシ（中学生）

### 事例の概要

家族構成：父，母，タカシ（中学3年生）
主訴：不登校傾向，家族の問題
相談の経緯：

中学3年4月，母親からタカシが家出し別居中の父親宅から帰らないと相談を受けた担任教員が，タカシの欠席が増えていることもありカウンセリングを勧め，タカシがCoに来談した。

初回面接でタカシは溜まった思いを吐き出すように話した。小学生になった頃から両親のけんかが絶えなかった。小学4年，母親がうつ病になり仕事も辞め，家から出なくなった。その後両親は別居することになり，タカシは父母どちらと暮らすのか選択に迫られた。別居しないでと必死に訴えたが，しばらく離れて暮らすが，会う回数を増やし元通りいっしょに暮らすようにするという両親の言葉に従った。父親について行きたかったが，うつ病の母親は日頃「死にたい」ともらし，母親を一人にすれば死んでしまうと考え，母親との生活を選択した。その後両親は会うことはなかった。中学2年，母親が回復し仕事に出はじめ，一人で父親のアパートを訪ねた。それから何度か母親には内緒で父親宅へ行った。中学卒業年になり，このままの気持ちでは勉強も進路も何も考えられないとCoに訴えた。「小学5年のとき，家で離婚届の用紙を見つけ，すでに離婚したのではと不安になった。もしも離婚していたらと思うと夜も不安で眠れない。親に確かめるのは怖い。もしもそうだと言われたら生きていけないと確かめられずにきた。元通りいっしょに暮らすという両親の言葉だけを頼りにきた。だが両親は何年経っても元には戻らず，すでに離婚してしまったのかもしれない。時々母親と二人でいると苦しくなり父親の所に逃げる。父親にも離婚のことは怖くて聞けない。母親は父親の悪口を言うが父親は何も言わない，父親といるほうがほっとする。でも母親のことも心配で放っておけない。母親は，自分に父親に会ってほしくない」。

タカシの来談2週間後に母親が来談した。母親の話では，父親はルーズで自分勝手な人，酒やパチンコに溺れ，仕事も何度も辞め家にもお金を入れずけんかが絶えなかった。離婚しないでというタカシの気持ちをくんで別居したが，小学5年のときすでに離婚している。タカシにはいまだに言えない。父親と復縁する気持ちはない。タカシとも会ってほしくない。父親宅に行き，だらだら登校しない日が増えているが，父親は放任している。Coより母親に，離婚をタカシに隠し続けていることは，かえってタカシを不安にしている，タカシは中学卒業という節目に，怖いが知りたいと思っていると話す。母親はタカシに話した後の心のケアをCoに依頼する。母親には，父親宅に行くのを頭ごなしに拒否せず，タカシの気持ちをくみながら，両親の役割分担を明確にする。これまでどおり母親が養育の中心である，母性的な関わりを忘れないでと助言する。カウンセリングがすすみタカシは両親の離婚を受け入れ「仕方ない」と語り，高校では情報を学び，良い会社に就職して母親を助けたいと語った。

2回目の面接でバウムテストを施行し，3回目の面接でKSDを描いた。以下にその描画とそれぞれの解釈を示す。

### 描画アセスメント

#### ① バウムテスト

このバウムの特徴は，幹の右側下部の輪郭の真っ黒な塗りつぶしと，樹冠部の茂みのなぐり描きである。輪郭の真っ黒な塗りつぶしは，物理的な安全性の欲求を示唆し，下部の位置は，幼児期の愛情経験に関連した自己防衛を示唆する。幹が情緒機能や幼少期からの成長経験を象徴するとすれば，家庭生活の辛かったタカシの幼年時代の代償のために下部が塗りこめられたとも解釈される。注目されるのは，この右側に位置する塗りつぶしや陰影が，父親や男性像への抵抗を示していることである。タカシの防衛の必要性は情緒に対してもっとも強く，抵抗は両親の影響にもっとも強く現れている。幹のほぼ中央の縦長のウロやその上部にある黒い傷跡が，両親の争いの中での心的外傷体験とも推察される。樹冠の茂みのなぐり書きからは，絶え間なく爆発しそうな攻撃性がみてとれる。両親の離婚を受け入れられないタカシのいき場のない攻撃性とも推察される。

#### ② KFD

用紙を見つめて何度も描こうとしたが「描けません」と言った。家族の問題を深刻に抱えるタカシは家族の絵を描かなかった。

#### ③ KSD

先生と友だち三人と自分の五人全員，小さな人物像が横に並んでいる。先生と友だちは立っているところ，自分は何もしていないと説明した。最初に先生像を描き，その右隣に自己像を，さらに右隣に友だち像を描いた，次はそのまま右に並ばず，最初に描いた先生像の左隣である左端に友だち像を描き，最後に反対側の右端に友だち像を描いた。その結果，描かれた人物は真ん中の自分を挟んで左右に二人ずつ並ぶことになった。タカシが周囲に気づかう性質と，自分を控えめに見せながらも自己主張したいアンビバレントな内面が巧妙に描かれている。小さな人物像に動きがなくエネルギーの低い描画であるが，人物の顔の表情や全体のバランスなどは発達的には問題はない描写である。

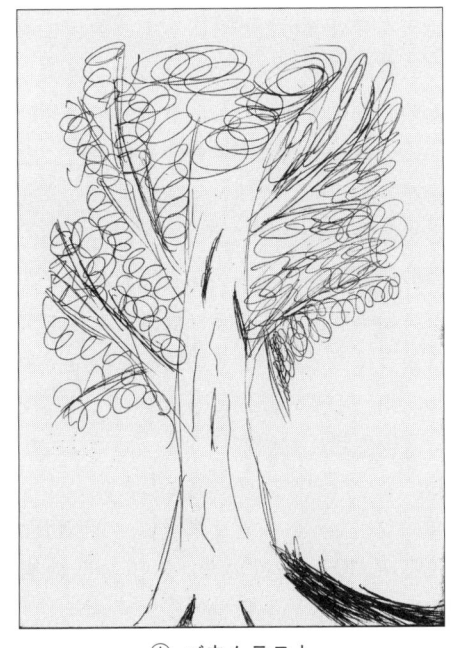

① バウムテスト

③ KSD

## アセスメント事例9

# 性同一性障害を訴え学校を休みはじめたトモコ（中学生）

### 事例の概要

**家族構成**：父，母，姉（高校2年生），トモコ（中学3年生），弟（小学3年生）

**生育歴**：トモコは三人姉弟の真ん中である。姉は幼少期よりアトピー症状がひどく，母親は姉のアトピーの治療のためにはあらゆる努力をしてきた。弟にも軽い喘息がある。姉弟の中でトモコだけは，アレルギーもなく元気に育った。

**主訴**：不登校傾向，性同一性障害の訴え

**相談の経緯**：

トモコは中学2年の冬，突然自分は男性ではないかと思いはじめた。女性を見るとドキドキし，息苦しくなった。次第に症状が強くなり，考え込むようになり学校を断続的に休みはじめた。中学3年の連休明けに母子で来談した。母親もカウンセリングを希望し，2週に1回の母子並行面接とし，母親とトモコとは別席で面接を行った。以下はトモコの面接過程である。

初回面接で，トモコは自分が性同一性障害だということ，そのことをはっきりしたい，と訴えた。第一印象のトモコは，しゃれたジーンズにタイトなTシャツを着ていて一見男性的な印象だが，女性的なきれいな顔立ちをしていた。トモコは当時，所属する女子バレー部の部員同士の人間関係がうまくいかず悩みを抱えていた。さらに新年度からクラブ顧問が交代し，新顧問をいやがっていた。トモコは「自分を男性とはっきり自覚したのは，性のドロドロの同性愛ものの漫画（雑誌）を読んでいた頃」とも話した。また，その頃，テレビ番組で中学生の性同一性障害を扱ったストーリーが放映されていた。学校では友人関係で孤立して悩み，家では就寝時などに，死の恐怖や，たとえようのない不安や恐怖にみまわれていた。それはかなり以前から生じていたもので，とくに強まっていた。

母親は，几帳面で神経質なタイプである。姉が幼少時よりアトピー症状が強く，入退院を繰り返し，そのことに悩まされ，ありとあらゆる手立てを試みた。本も手に入るものはすべて読んだ。悪いというものはすべて排斥し，よいということはすべて試みた。そういう生活の中で，母親自身が4年ほど前にうつ状態になり，通院しながらも，姉のアトピー対策を続けた。高校生になった頃から姉の症状も落ち着き，母親にも少し余裕ができた。

母親は「これまで姉に時間と気持ちのほとんどを費やしてしまった。トモコには寂しい思いをさせたかもしれない」と話した。Coは，トモコの訴えを受けとめながら，トモコの寂しさや不安に共感的理解をすすめていった。母親も，トモコとの時間を大切にして向き合ってやりたいと話すようになった。面接や，面接過程で描かれた絵を通しても，性同一性障害というトモコの不安や疑問は否定してよい思春期青年期の一過性の情緒の混乱ではないかと思われた。次第にトモコの不安や性の訴えは軽減し，休まず登校するようになった。3年の後半には気持ちも安定し，第一志望の高校にも合格した。高校入学後は学校生活にも適応し，性へのこだわりも消失し，カウンセリングは終了した。

初回面接でバウムテストを施行し，2回目面接で，KFDとKSDを描いた。以下にその描画を示し，それぞれの解釈を行う。

### 描画アセスメント

#### ① バウムテスト

描画後トモコは「りんごの木，いつから立っているのかはわからない。若くはない」と話した。

もっとも特徴的で目をひくのは，樹冠の空間が，隙間なく常同的に描き込まれた葉の茂みによって覆われていることである。葉は1枚1枚丹念に描かれており，そのことはパーソナリティが硬く強迫傾向があることを思わせる。葉は一般に外見や装飾活動を表すとみられるが，この場合もトモコの自己装飾の欲求や自分を認められたいという欲求を示唆しているようでもある。面接時のトモコは奇抜な服装で流行の先端を意識しているように感じられた。葉で枝を覆い隠すのは，本心を知られたくないという心理機制が働いているという見方もあり，葉の派手さには，このような隠喩が秘められているともいえる。茂みによって完全に包まれていることは，慎重さとエネルギーの交流の時と方法を統制しようという試みを示唆している。葉を強迫的に詳細に描き，繊細な茂みが主要な枝を完全に覆っているこの絵は，トモコの強迫的な思考様式や補償的に過度の完全癖をともなった著しい不適切さをうかがわせるものでもある。

#### ② KFD

10分ほど考え込んでから「描けないから，学校の絵を描いてもいいですか」と言ってKFDは描かなかった。「家族は難しい」「みんなを描くのは難しい，一人一人は描けるかもしれないけど」と話した。この家族の絵を描けないことからは，トモコの家族への葛藤が示唆される。

#### ③ KSD

最初に先生像を描き，次に自己像を描いた。二人は「寝ている」と説明し，一つの布団に入って寝ている。先生像は好きだったクラブ顧問と言い，男性である。友だち像は一人で，最後に描き，ファッションショーをしているところと説明したが，鏡にその姿は映し出されていない。男性教師という異性と一つの布団に入るという場面設定からは，性的エネルギーやその混乱もうかがわれるが，青年期特有の情緒の混乱の課題に直面したトモコの投影とも推察される。

① バウムテスト

③ KSD

アセスメント事例10

# 自分の存在感が得られず不登校になったタイヨウ（中学生）

## 事例の概要

**家族構成**：父，母，タイヨウ（中学1年生），弟（小学5年生），弟（小学5年生；双生児）

**主訴**：不登校

**相談の経緯**：

タイヨウは，会社経営の父と専業主婦の母に愛情深く育てられた。母親は，三人兄弟の長兄のタイヨウに，両親の果たせなかった夢を託し，幼児教室・サッカーや英語教室などに幼児期から通わせた。タイヨウはいやがることもなく従い，両親にとって良い子だった。中学受験では，第二志望の中学に合格し，入学した。入学してみると，大好きなサッカーの部活も週に2回しかなく，1日7時間の授業と膨大な宿題をこなすハードな学校生活にまもなく適応できなくなり，1学期末から登校しなくなった。タイヨウの中学の教育方針には，なにがなんでも登校させる，ダメなら転校，という風潮があり，休みはじめた当初は担任の教員も毎日のように家庭訪問し，布団から出ないタイヨウの枕元で登校を促し，そのまま担任の車で学校に同行することも何度かあった。また，両親も学校の熱心な登校の促しに応えねばならないと，制服に着替えないタイヨウをパジャマ姿のまま，車に押し込み登校させることもあった。次第にタイヨウはそれにも応じず全く登校しなくなり，朝は布団から出ないが，昼前には家の外でサッカーボールを蹴るような生活になった。中学1年の3学期に，両親がCoに来談した。

Coは，無理矢理登校させようとしてタイヨウの挫折感や自信喪失感を増幅させてきたこれまでのやり方を修正し，タイヨウの気持ちや状態を受けとめながら対応するよう助言した。予期不安が強く指示的で干渉的な母親の養育態度も改善され，登校を無理強いし弱いタイヨウを責め続けていた父親の理解もすすみ，タイヨウは犬の散歩や地域サッカーなど，自分の力で挑戦してなしとげる小さな成功体験を重ねていった。2年のクラス編成での担任や友人関係の配慮，クラブ活動でのタイヨウのペースに沿いながらの指導援助を依頼するなど学校環境を調整した。また，自己評価を気にするタイヨウにとって欠席による学習の遅れは登校できない二次的要因となることも考えられ，心理系大学生が心の支援をしながらの家庭教師を行った。

2年への進級をきっかけに登校を再開し，週に1〜2日程度休みながらマイペースで登校した。才気あふれる双生児の弟たちに勉強でもスポーツでもかなわないタイヨウの，家庭内での葛藤や劣等感，高い理想自己との不全感など，その不適応の要因に取り組んだ。タイヨウは母親に「ぼくのことは大丈夫だから弟たちのこと心配してやって」と言うなど，次第に自信を取り戻し，3年時はほぼ休まず登校した。個性を尊重するタイプの高校を希望して合格しカウンセリングは終了した。

高校進学後は，好きなサッカーの部活動に打ち込み，クラブやクラスでの友人関係も楽しく充実した生活を送っていると報告してくれた。

3回目の面接でバウムテストを施行し，タイヨウはそのあとKFDとKSDを引き続き描いた。カウンセリング終了時に再度バウムテストを施行した。以下にその描画と解釈を示す。

## 描画アセスメント

### ① バウムテスト（カウンセリング初期）

この樹木の大きな特徴は，太い幹に対して小さすぎる樹冠である。樹冠の小さな木からは，タイヨウの情緒の支配性や未熟性が推察される。三人兄弟の長兄のタイヨウへの両親からの期待への圧迫感，学校からの一方通行の熱意，それらを愛情と受けとめるにはあまりにも未熟な自我がうかがわれる。

枝の省略からは，対外活動への意欲の低下や，エネルギーを振り向ける具体的な方策のなさが示唆される。PDIでは「わからない木」とだけ話した。学校へ行けないという感情のうっ積が，この太すぎる幹に象徴されているようでもある。

開放に近い幹は，退行や行き先不安を示唆する。冠の輪郭も筆圧が弱く薄く描かれ，環境との意識の希薄さがうかがわれる。地平線の欠如などからは，洞察力や社会性の希薄さも推察される。葉の欠如からは，抑制的で快活さのないことが推察される。また，思春期前期によくみられる，幹は根がない描写である。

### ② KFD（カウンセリング初期）

布団に寝るという包囲様式を用いることにより，父親像と母親像を両端に分けている。三人の兄弟像を一つの布団に寝かせ，その真ん中に描かれた自己像は五人家族の真ん中でもある。必死な自己存在のアピールと同時に，理想自己と現実自己のギャップへの苦悩がうかがわれる。干渉的な母親の布団が優しい父親よりも微妙に離れているが，父親と母親それぞれを布団に閉じ込めて孤立させている。家族の葛藤や煩わしさを布団という包囲で封じ込めているようでもある。家族内でのタイヨウの不安や葛藤が推察される。

① バウムテスト（カウンセリング初期）

② KFD（カウンセリング初期）

③ KSD（カウンセリング初期）

　サッカーの部活場面である。家では最初に描いた自己像を学校場面ではかなり後の順序に描いた。家では中心になれても、学校では小さくなっている自己像でもある。コートを使って何重にも包囲と区分化を用いており、学校でのタイヨウの孤立感が推察される。評価されたい顕示欲と引っ込み思案なタイヨウの両側面が表現されている。

④ バウムテスト（カウンセリング後期）

　高校入学が決まり、カウンセリングを終了する頃に描いたバウムテストである。前回に比べて、樹冠が大きく、実（りんごの実）も大きく力強くなったところに、タイヨウの将来の自分探しへの自我成長がうかがわれる。前の絵にはなかった地平線が描かれ、社会との接触がみられる。幹の一匹の虫は木を登るところと話し、タイヨウのこれから歩もうとする姿とも、あるいは未熟性ともとらえられる。

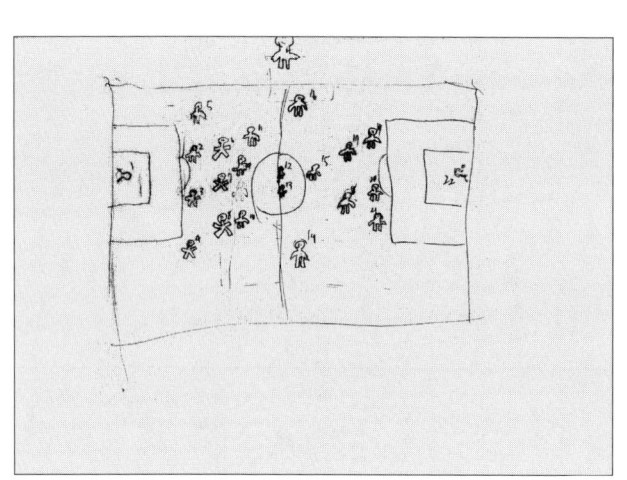

③ KSD（カウンセリング初期）　　　　　　④ バウムテスト（カウンセリング後期）

### アセスメント事例11

# 教室で騒ぐ男子と隣席で，不登校になったシホ（中学生）

**事例の概要**

家族構成：父，母，シホ（中学1年生），弟（小学3年生）

主訴：不登校

相談の経緯：

シホは幼少期から恥ずかしがりやで人見知りも強く，人前に出るのが苦手である。友人も少ないが，メールできる程度の友だちはたいてい一人か二人いた。アトピー性皮膚炎に悩まされ，病院を転々とした。中学1年の2学期から全欠になり11月にCoに母子で来談した。

初回面接で，シホはCoの問いかけにも小声で口数少なく答える。シホの顔は赤みがかっており，母親はアトピーのためと説明した。

小学6年の頃から，それまでしばらくきれいになっていたアトピーが出るようになり，この頃から学校も休みはじめた。シホは小学生から今までのことを話す。5年は担任の先生が怒りっぽい人で登校するのが辛かったが，6年は先生も優しく好きな先生で，友だちもたくさんできて，今までで一番楽しかった。

そのまま中学でもがんばりたいと，宿題忘れなどもしないように気を張ってスタートした。クラスには同じ小学校から入学した友だちも何人かいて，話のできる友だちもできた。しかし，クラスはだんだんやかましくなり，授業中に騒ぐ男子数人のうちとくに激しい男子1名と，席替えのたびにいつも隣になった。担任の教員からは「あなたがいつもいやがらずに隣に座ってくれるから助かる」と言われ，担任は皆がいやがるその男子の隣席にいつもシホを置いた。もともと引っ込み思案でおとなしいシホは，担任の言うとおりに座っていたが，苦痛だった。それは，その男子が嫌いだからでもなく，自分だけが我慢させられているからでもない。授業のたびにどの教員もその男子を叱り，そのときの教員の声や視線がシホは気になりはじめた。自分も叱られていると感じるようになった。時には，その男子が自分にちょっかいを出したり，話しかけてきて，応答したら，自分もいっしょにふざけていると思われ叱られたこともある。家に帰っても不安でドキドキし，朝登校しようと準備はするが，身体が動かなくなった。それでも登校しようとするが頭痛やアトピーがひどくなり，我慢し続けた末に登校できなくなった。

来談後は，登校を無理に促すことをしばらく控え，じっくりシホのペースに合わせて生活することでシホのアトピーも軽快した。シホ自身も穏やかに過ごせるようになったが，登校はできない。担任と連携し，シホが一番落ち着くと選んだ席，最後部の窓際に席を替えてもらった。そのうえで登校を試みたが難しく，そのため別室登校や放課後登校などのプランを，具体的にできる限りのパターンで用意した。結局，中学2年は，数回は教室に入ったが，あとは別室登校や放課後登校を試みながら3年に進級した。

家では元気になり，外出もできるようになった。その間，母親と今まで行けなかったいろいろな所に出かけたりしてゆったりと過ごしたシホは，Coに自分が料理が好きなこと，学校の勉強は嫌いで高校に行く自信がないことなど話しはじめた。調理専修学校も検討したが，田園地帯の自然豊かな立地条件の高校の家政科が気に入りめざしたいと希望を話すようになった。

3年は母親同伴の別室登校からスタートし次第に単独登校し，週3～4回程度は登校し，短時間ながら，教室に入るようになった。志望高校に合格したシホは，休みながらも，電車にゆっくり乗るのを楽しみに通っていると報告をくれた。中学での学校完全復帰は難しかったが，高校生活は適応的にスタートした。

5回目の面接でバウムテストを施行し，同席面接していた母親も希望して描いた。その日に，KFDとKSDに誘ったが，学校の絵はどうしても描けず，かなり考えた末にKFDだけ描いた。その描画と解釈を以下に示す。

## 描画アセスメント

① バウムテスト（シホ）

描画後シホは「かきの木かなあ，年とった古い木」と話した。

この樹木の大きな特徴は，太すぎる幹，小さな樹冠である。また，地平線が描かれておらず，思春期前期によくみられる，幹は根がなく，そのまま画面の下縁におかれている描写である。小さな樹冠からは，情緒の未成熟や，学習面での評価の低さや，発達的な未成熟が示される。この幹強調型のことを，コッホによると，発育抑制，未熟，退行，小児性のほかにも本能的，感覚的，意識性の貧困などを示すといわれている。運筆にみられる大胆な力強い描線からはエネルギーを感じる。さらに，幹の太さは自我肥大を示すが，人格的な成熟度の低さを思わせる。枝の省略からは，対外活動への意欲の低下や，エネルギーを振り向ける具体的な方策のなさが示唆される。太すぎる幹のために，外への意欲はあっても肥大した自我とうまく統合されずにいる。対外活動でのつまずき，学校へ行けないという感情のうっ積が，この太すぎる幹に象徴されているようでもある。開放に近い幹は，退行や行き先不安を示唆する。冠の輪郭も筆圧が弱く薄く描かれ，環境との意識の希薄さがうかがわれる。地平線が描かれていないことからは精神の未熟性や社会性の欠如が示唆される。洞察力や社会性を欠く点も推察される。葉が描かれていないことからは，抑制的で快活さのないことが推察される。

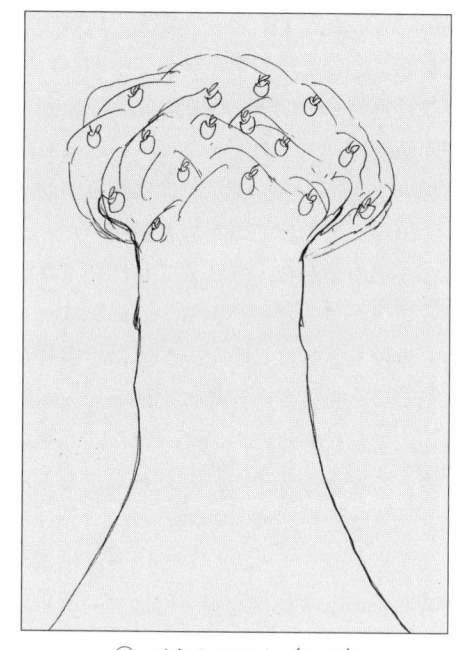

① バウムテスト（シホ）

② KFD（シホ）

母親像，弟像，自己像の順序で描いた。やかましいと説明した弟を自己像よりも先に描き，自己像は最後に描いた。家庭内でのシホの希薄な存在感が投影されている。一方，自己像がもっとも大きく描かれ，家庭でのシホの自己主張がうかがわれ，家族でのシホの複雑な立場や心情が推察される。仕事で出張が多くほとんど不在で会話のない父親像を描かず，父親の存在へのシホの複雑な思いや否定感がうかがえる。母親像は自己像と同じように中学生のような服装をしており，母子密着が推察される。三人とも「立っているところ」と説明し，人物像の動きはほとんどない。家での自分の居場所探しがようやくできはじめた頃のカウンセリング初期の絵である。

③ バウムテスト（母親）

全体としてシホの木とよく似た印象だが，描線にもおどおどしてためらいが多く，いきいきしたところがみられない。樹冠の割合はシホの木よりも大きいが，木の特徴はシホの木と類似しているのに驚いた。位置，大きさ，樹型，幹先端処理などはそっくりである。両目のような白い二つの実は，母親の将来への空疎感がうかがわれる。全体的な印象としては，シホの木よりもエネルギーの低い描写である。

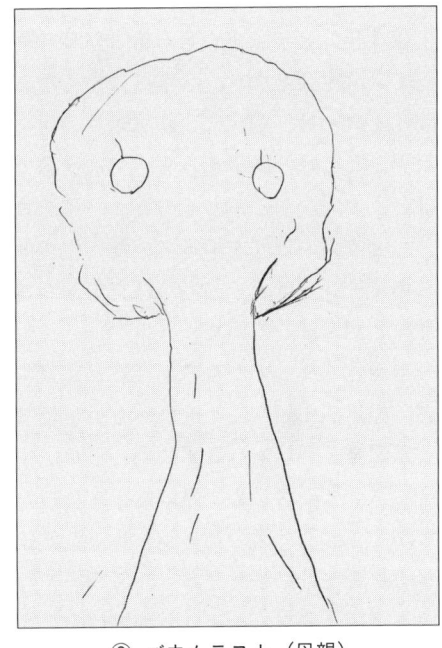

② KFD（シホ）

③ バウムテスト（母親）

アセスメント事例12

# 弟の死以降，歩けなくなったイチロー（中学生）

**事例の概要**

家族構成：父，母，イチロー（中学１年生），妹（小学３年生）

主訴：心身症状による学校不適応，うつ状態

相談の経緯：

イチローは幼少期から人との交流が苦手で，友人ができにくい子どもだった。イチローが小学校３年のとき，すぐ下の弟（当時５歳）が難病で入院生活となり，２年後に亡くなる。この間イチローは，病院につきっきりの母に代わり，長男として妹の面倒をみる。父は仕事で家にはほとんどいなかった。そのため，イチローがほとんど家事の責任を担っていた。生真面目で優しいイチローは，その当時は文句一つ言わずに黙々とがんばっていた。

弟が亡くなってからの１年ほどは家中が虚脱感，虚無感に陥り，イチローも小学校６年をほとんど誰ともしゃべらずに過ごした。中学入学後もクラスになじめず浮いた存在だった。友だちができずクラスでからかわれたり無視されたりすることもたびたびあった。

入学後まもなくイチローは毎日のように足膝痛を訴えるようになる。病院での検査は異常所見はないが，次第に歩けなくなる。家でも無為な生活を送るようになり，不眠，心悸亢進も訴える。１か月ほど経緯した６月にCoに来談した。初回面接は母親のみで，３回目から母子並行面接に移行した。

当時，イチローは歩行困難を訴え，学校までの10分の道のりを，何度も座り込んだりうずくまったりして２～３時間かけて登校していた。その後を母親がそっと付き添っていた。Coから母親に，歩行困難のイチローが応諾なら車椅子で登校という方法もあることを提案し，本人もそれを希望し，車椅子に乗り積極的に登校するようになる。夏休み中には自力歩行可能になり車椅子は不要になるが，通学以外はほとんど外出せず，家で小説を書く毎日を送る。母親の依頼で，大学生のメンタルフレンド（心の友）を紹介し，その家庭訪問の日だけは一緒に川べりに散歩に出たりもするようになる。イチローはCoに小説を書いているときだけが自分の存在を感じると語り，学校では，周囲から避けられたり無視されたりが続く。「生きていても仕方ない」「消滅したい」と学級ノートに書く。Coと担任の教員のコンサルテーションを丁寧に行い，担任とイチローの信頼関係を育んでいく。担任が粘り強く愛情のある言葉を送り続け，イチローは次第に書きためた小説をそっと見せるなど，担任との交流がはかられていく。

メンタルフレンドとの学習も継続し，２年の夏休み前には１年時の学習面の遅れもほぼ取り戻した。イチローは，弟を失った喪失体験やその悲しみを徐々に話しはじめ，Coはその感情を共有しながら，喪の作業に取り組んだ。次第にPTSD症状も改善され，心身症状の訴えもほとんどなくなり，登校も継続していることから，カウンセリングは終了する。

その後，中学３年の９月に，担任から進路のことで落ち込んでいるのでカウンセリングをしてほしいとの依頼でカウンセリングを再開する。普通高校進学を望む両親に対して，イチローは「毎日学校に行くのは自分には苦痛あるのみ，通信制高校に行きたい」とCoに語る。イチロ

ーは，今学校に登校しているのは，自分の影武者であり自分は人との関わりが耐えられないと話し，今も周囲の生徒から「クサイ」「キモイ」と言われたり，机を離されたりしていることを打ち明けた。「いじめの解決より自分に無理しなくていい生活をさせてほしい，小説を書きたい」と話し，Coに親に会ってほしいと言う。母親の面接を行い，イチローの登校の困難さや思いを，やがて母親も受け入れ，父親にも理解を得て，通信制高校に進路決定する。入学後は，通信制の月3回程度の登校に四苦八苦しながらも高校に通学し，小説も書き続けている。イチローの面接は，2〜3週に1回で，約10か月実施され，再開後は数回実施した。

3回目の面接でバウムテストを施行し，7回目の面接で，KFDとKSDを描いた。以下に，その描画を示し，それぞれの解釈を行う。

## 描画アセスメント

### ① バウムテスト

第一印象は，この絵の貧困性である。樹木の最低限の必要条件としての，幹と枝しか描かれていない，白木である。小枝の数々，葉や果実，樹皮や新芽，それらは描かれていない。イチローはこの木を「冬の木だが，枯れ木ではない」と語った。この貧困性は，生命の息吹の貧困性ともいえよう。冬の木だが，春を待つ新芽が準備されず，生命に息吹がない。それは，みずみずしい生命感に乏しいイチローの臨床像と一致すると思われた。枯れ木は，人との交流がはかれないイチローの姿でもある。エネルギーの流れる樹枝はなく，葉もみられず，根は描かれていない。

こうした木の姿は，同年齢の人に比べて感情移入の能力が欠如し，心的および精神的な交流ができないことの表れとも解釈できる。枝は外に向かって伸び，2本の線が幹との関連を示唆しているにすぎない。枝は先の開かれた小枝に分かれており，目標を失い，途方に暮れたイチローの状態が表されている。さらに樹木の頂上を塞ぐように引かれた横線は，この木の成長を阻止しているようでもある。この木の，形態としての特徴は「空白の幹」「葉の欠如」「開かれた枝の先端」と思われる。

したがって，イチローは，環境と自己との相互関係を，円滑に行うにはかなりの困難を抱えるであろうことが推察される。すなわち，適応しつつ自己表現することの困難が推測され，適応か自己表現か，どちらかが犠牲にされるかもしれない。場合によれば，イチローは，適応も自己表現も失敗するかもしれないと推察された。

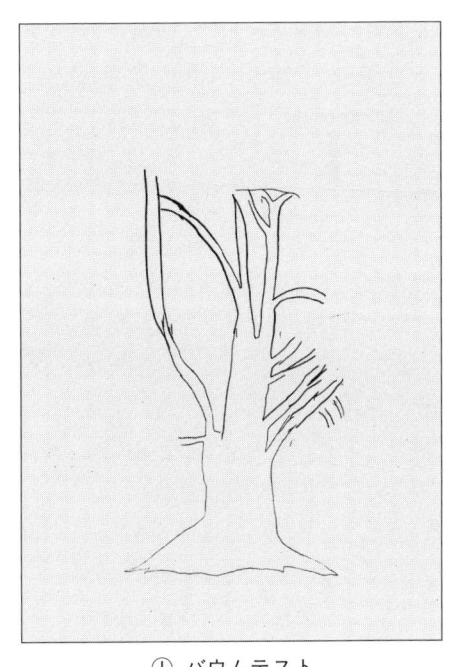

① バウムテスト

② KFD

　この描画の特徴は，何重にも使用された包囲や区分化の様式である。イチローの家族での不安感や抑うつ感が表現されている。人物像は，父親像，母親像，妹像，自己像，弟像という順で描かれた。家族内でのイチローの自己存在感の希薄さと同時に，亡くなった弟を最後に描き，現実を受け入れることへのイチローの葛藤が示唆されている。また，人物像には顔が描かれず，家族への否定感や自己否定感が推察される。食事場面であるが，食卓には食べ物も何も描かれず，温かさや愛情の希薄さが示唆され，エネルギーや温かみや生命感が感じられない。家族を囲む区分で使用された何重にも重ねられた蛇腹状の描写には，イチローの硬直した情緒や不適応感が感じられる。社会とつながるテレビさえも区分化され，その画面も真っ黒に塗りつぶされており，家族の交流だけでなく，社会との交流も回避した防衛的なイチローの心理状態が推察される。

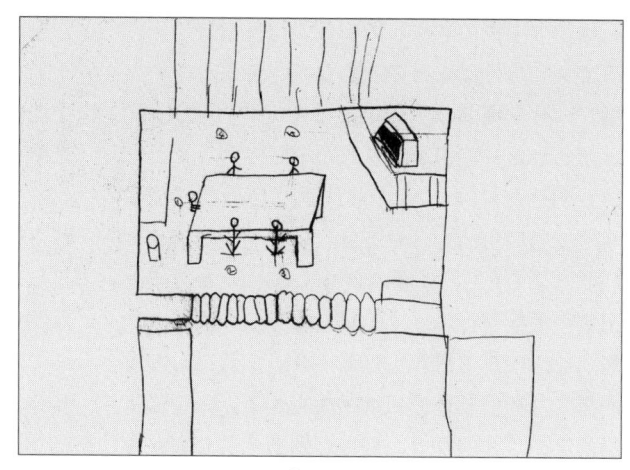

② KFD

③ KSD

　人物像の描写はない。誰もいない校舎が描かれ，イチローは「いつも立っているところ」と答えた。学校内で孤立し，「友だちは誰もいない。それでいいから学校には関わりたくない」と訴え続けたイチローの学校の心象風景ともみられる。校舎に連続性はなく，自分の立っている場所だけにかぎられて描かれており，孤独感を享受するかのように対人交流を避け，自信を喪失し，対人不信を語るイチローの学校イメージや学校場面での対人イメージが示唆される。

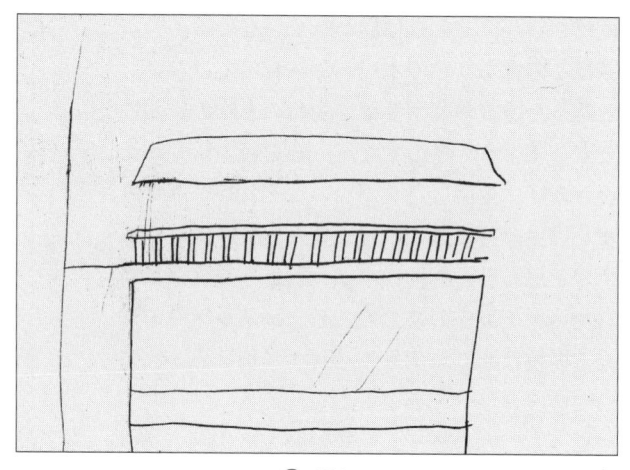

③ KSD

アセスメント事例13

# 情緒の混乱するヒナタとアダルトチルドレンの母親（中学生）

## 事例の概要

**家族構成**：父，母，ヒナタ（中学2年生），妹（4歳）

**主訴**：情緒混乱，パニック症状

**相談の経緯**：

ヒナタは小学5年までは一人っ子だった。5年前に妹が誕生してからは，思春期前期とも重なり急激に両親に反抗的になった。中学1年の12月，雪の降る寒い夜に，ヒナタは父親の財布からお金を盗んだ疑いで，父親に厳しく叱責された。行為を否定し続けるヒナタに，腹を立てた父親が，ヒナタに馬乗りになって何度もなぐり，母親はそれを止めずにヒナタに罵声をあびせた。ヒナタは家を飛び出し，一晩探したが結局友人宅に泊まっていた。その後ヒナタは，親としばしば衝突し，「私なんか死んでしまえと思ってる」「死んでやる」などと言い，家を飛び出すこともしばしばあった。両親はその都度，交番にかけこんでヒナタを探してもらうという日が続いた。ヒナタは家で両親と衝突すると窓をあけて大声で「殺される―」と叫び，パトカーが来たことも何度かある。警察から紹介された市役所の福祉課などにも相談したが，困り果てた母親が中学2年の春Coに来談した。ヒナタは登校は続けている。

初回面接で，ヒナタのパニックに両親の混乱している様子が伝わる。父親の財布から1万円とったとヒナタはあとで認め，母親に「お小遣いが足りないから」と言った。父親がなぐって以来，ヒナタは父親を避け，父親がいればトイレも我慢する。カウンセリングで，母親はこれまでの子育てやしつけについて振り返りはじめた。幼児期から両親は，指示的支配的な子育てをしてきた。ヒナタは何事にも親の期待以上にがんばった。勉強の成績も行儀も良く親の言いなりだった。「今から思えば，妹にかかりきりになった」と母親は話す。ヒナタには姉らしく振る舞わせたいと思い，それを押しつけすぎてヒナタが反発した。半年ほど前ヒナタの言動が混乱してから，母親は祖母（母の実母）に何かと助けを求め，ヒナタに説教してもらっていた。母親自身がアダルトチルドレンと推察され，母親の育った家庭は父親の酒乱が日常で，混乱した家族システムに適応して少女時代を生きた母親自身が，思春期以後に情緒の混乱を起こしてきた。母親は，ヒナタの攻撃的な言動にあうと，子ども時代の恐怖が自分を混乱させ，母親の混乱がますますヒナタの混乱につながった。ヒナタを愛し信じて安定的な関係を再構築し，ヒナタがいったん乳幼児期に戻って「母」を体験し直すところからやり直していくように支援した。祖母（母方），父親も来談して，機能不全の家族を再構築しながら，ヒナタにもう一度，両親に無条件に愛される体験からのやり直しをしてもらえるようにカウンセリングをすすめた。2回目の面接に母親がヒナタを連れて来談したが，学校では適応しているヒナタの世界を守ってあげるように両親に助言し，その後は親のカウンセリング中心で支援することとした。中学3年になり，ヒナタの行動にも落ち着きがみられるようになりカウンセリングは終了とした。

2回目の面接でバウムテストを施行し，引き続きKFD，KSDを描いた。その描画と解釈を以下に示す。

**描画アセスメント**

① バウムテスト

このバウムテストは，母親がかなり生活統制やしつけを厳しく行ってきた時期に描かれたものである。描画後，ヒナタは「木を描いただけ」と話した。描画意欲の低い小さな木であり，このバウムテストの大きな特徴は，画用紙の右下隅に描かれている，立体描写でない，地平線が描かれていない，葉が描かれていない，実が描かれていないことなどである。地平線が描かれず，立体描写でないことからは，自己統制の強化，精神発達の面での未熟な一面，洞察性や社会性の欠如などがうかがわれる。葉の描かれていないことからは，快活さがなく，外界との接触意欲も淡白なように思える。いずれにせよ描画意欲の低さとの関連からは過度の解釈を避けたい。

右下は，空間象徴的には，敗北の領域，拒否・取り消しの領域とされる。低く大地に近い所で，左（内界，過去）の領域をみやっている状態ともいえる。ヒナタは，この心理的空間の中で隅のほうに，それも左下の母なる過去からも遠く，未来（外界）への動きもなく，小さく縮こまっているともみられる。成長の目的や成熟の象徴である実の欠如からもそれが示唆される。樹木が左下すなわち幼児期への固着とされる領域に描かれなかったことは，ヒナタが温かい幼少期をもたなかったことを示唆しているようでもある。家族関係，とくに母子関係の中に，現症状の根を求めることができよう。自我の統合，安定の獲得のために，カウンセリングを通していったん左下の領域に帰り，「母」を体験し直すところから始めなければならないと感じられた。

① バウムテスト

② KFD

　左上隅に自分だけを描き，実に小さなサイズである。描画後ヒナタは「家族はこれです」と話した。今のヒナタには両親を表現することはできないのだろう。左上は，空間象徴的には，回避・抑制，意識的な防衛の領域とされる。ヒナタは，この心理的空間の中で隅のほうに小さく縮こまっている。左上隅の空間定位がもつ受身で，生への傍観の領域でヒナタは，家族内での傍観者としてたたずんでいる。母性性の領域に自らをおいたのは，思春期前期の女子の心性としての今後の回復への期待につながった。

③ KSD

　左上隅に，最初に自己像を，次に先生像を描き，友だち像は描いていない。実に小さなサイズである。左上の空間象徴的な意味などは，KFDと同様に解釈できるが，左上隅定位は，他についていけないという，取り残された傍観者ともいえる。両親に反発し，家庭に居場所のないと感じているヒナタにとって，学校は唯一の居場所であり，先生は重要な存在であると感じていると思われる。友だちを表現することはなく，一方では，友だちとの対人関係には苦慮している姿がうかがわれる。

② KFD

③ KSD

### アセスメント事例14

# 腹痛や頭痛を訴え続けた不登校のアユミ（中学生）

## 事例の概要

**家族構成**：母，伯母，アユミ（中学3年生），弟（小学6年生），妹（4歳）

**主訴**：不登校，身体症状（腹痛，頭痛）

**相談の経緯**：

アユミは幼少期から行き渋りがみられ，小学生でも，年に1〜2回，何かのきっかけごとに連続欠席となった。きっかけは人から見て些細なことがほとんどで，たとえば，友だちや教員の一言だったり，態度だったりする。その都度，不登校のきっかけとなったことの解決や，環境調整によって登校を再開した。中学1年では，10円玉位の円形脱毛ができてからかわれたが，担任の教員の介入などで解決した。2年では，クラス全体の雰囲気が悪く，担任に対して暴言を吐く状況になり，辛くて早退や保健室登校を繰り返した。3年になり，クラス全体の騒がしさや，他人の悪口を言い合うことが気になり，6月頃より休みはじめてそのまま欠席が1か月以上続き，Coに母子で来談した。

初回面接で，アユミは緊張している様子で，口数も少なく，Coの質問にも小声で答える。母親はてきぱきと話し，アユミへの問いかけにも先取りして答えることもあった。今回全欠席になるまでの2か月ほどは，高校進学を意識して，週1回程度は無理矢理登校していた。しかし登校前の腹痛がひどく，朝トイレから出られない日が続き，たとえ登校しても学校で腹痛が起こり，やがて登校できなくなった。学力は上位で，こつこつ自分で計画的に勉強するタイプである。クラブはコーラス部で，登校した日は必ず部活に熱心に参加し，地域のボランティアの合唱の行事などにも積極的に参加する。家族は研究者だった父親が数年前に亡くなり，母親と父親の妹である叔母が生活を支えている。現実自己と理想自己のギャップによる不適応や，対人緊張や不安の強いアユミが，自我形成過程での情緒の混乱や不安が身体化した症状とも考えられた。

まずは現実的には高校受験を控えたことを考慮した時間制限的な対応と同時に，長期的な見通しを立てながらの対応の，両面からアプローチすることとなる。面接でアユミは具体的な問題を相談する。体育が極端に苦手なアユミは，体育授業のある日には腹痛がとくにひどく欠席が続いていることに気づき，診断書による体育見学の手続きをとった。しかし今度は見学がプレッシャーになっていた。3学期になり毎朝マラソン練習が始まり，連日の見学のストレスからか，週に2日程度しか登校できなくなった。朝の腹痛がひどく，マラソンの練習の時間は保健室で過ごすことが頻繁になる。そこでアユミは「遅れて登校してもいいですか？」と切り出した。「参加できずに見ていることに耐えられなくなった」。自ら打開策を提示できたことを評価し，その方向で対応するよう学校と連携した。その後，クラスの騒々しさは卒業まで続き，断続欠席で中学を卒業した。

高校は少人数で，家庭的な静かで穏やかな学校を選択して合格した。高校入学後，最初の2週間は1日遅刻はしたものの休まずに登校し，2週間連続登校できたのは，3年ぶりと母子で喜ぶ。しかし，3週目から，次第に朝の腹痛がきつくなり，また電車でのパニック症状も生じ

るようになり，「週1日うまく休みながらの登校」を合い言葉に，身体症状と苦闘する。それほど登校に苦労しているのに，アユミは学級委員長や生徒会役員に立候補して当選する。大学進学のときの推薦入試の内申書をよくするためと母には言っている。1年はあと1回欠席で単位認定できない科目もある状態でぎりぎり出席日数をクリアして進級した。2年では，クラスが少し落ち着き，欠席は週1回までの欠席の目標をクリアし，遅刻も次第に減るが，綱渡りの状態は続く。3年では，身体症状とのつきあい方がうまくなり，大学受験の目標が生活リズムを安定させたのか，対人緊張や不安も軽減された。徐々に身体症状も改善し，大学は希望の物理学の方面に進学した。

中学3年の秋にバウムテストとKFDを描いたが，KSDは描けなかった。その描画と解釈を以下に示す。

**描画アセスメント**

① バウムテスト

このバウムテストの特徴の一つは，用紙が横に使われていることである。これは，思春期のアユミにおいては，空想世界への著しい逃避傾向ともみられる。次の特徴として，左方向へ伸びていく「つる」と実が目をひく。枝に垂れている果実は，ブルーベリーの房と説明した。この果実を描くのはめずらしい。これは，飾り花やツリーの装飾品のように，楽しいことへの期待や，自分自身の小さな業績を過大評価する傾向を示唆する。自己誇示に結びついた称賛欲求をともなっているといえる。このブルーベリーの房は枝のサイズに比べて重すぎるようであり，現実の才能と自分の見方の間にギャップが不適応につながっているアユミの現状や固執性がうかがえる。根つきはなく，どんどん伸びていく理想を支えきれなくなったアユミ自身が投影されている。

紙面の中央よりやや右よりの幹の位置から，左方向に伸びていく樹冠は，研究者であった父親への憧れのもと，養育者の母親のエネルギー領域を意識した慎重な試みでもある。またこの意識された努力の背後には，情緒的・精神的に圧迫されているというアユミの強い感情や圧迫感が隠されているようでもある。

① バウムテスト

② KFD

　弟像，母親像，叔母像，自己像，妹像の順で描き，家族でただ一人の男性である弟への男性優位の位置づけであろうか。幼い妹像を除いては，最後に自己像を描き，家庭内での自己存在感の希薄さや家族からの回避がうかがわれる。特徴的なのは，見事に家具や部屋で構成された区分や包囲が用いられ，アユミからみて家族との交流は希薄で葛藤的であることや，不安や防衛の強さがうかがわれる。しかし，一人料理を作る母親像からは温かさが感じられ，アユミの愛情欲求が示唆される。さらに，アユミひとりだけが部屋の壁を使って包囲されている。実際には，アユミは妹との同室をいやがり自分の部屋が欲しいと訴えている。絵では自分の部屋が仕切られている。小さな妹を除いたすべての人物像は背面で描かれ，しかも鳥瞰図的であり，防衛的な姿勢がうかがわれる。家族の構成員の中では幼い妹には，心を許しているのであろう。

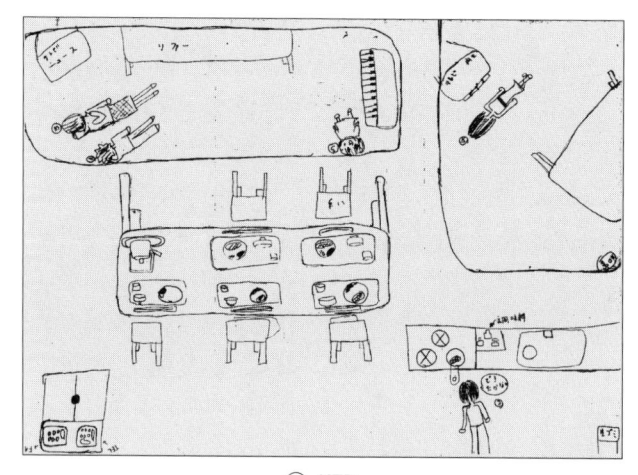

② KFD

## アセスメント事例15

# 起立性調節障害で午前中登校できないナオキ（中学生）

### 事例の概要

**家族構成**：父，母，ナオキ（中学1年生），弟（小学4年生）

**主訴**：起立性調節障害

**相談の経緯**：

ナオキは，小学校から虚弱で貧血ぎみだったがほとんど欠席なく過ごした。中学生活は，好きな美術クラブにも入り，順調にスタートした。1年の7月頃から，朝のめまいや気分の悪さや頭痛に悩まされて，どうしても立ち上がれずに遅刻する日が増えた。優等生タイプで生真面目で何事にも完璧主義のナオキにとって，朝の遅刻は避けたいが，どうしても起きられない日には，遅刻して登校した。いったん登校すると，最後まできちんと授業を受け，クラブ活動も必ず参加して最後まで活動を終えて帰宅した。帰宅すると，そのまま横になることもあった。次第に朝の登校時刻が遅くなり，症状が強くなり，夏休み直前に Co に来談した。

初回面接では，ナオキは色白でほっそりした小柄の，端正な顔立ちが印象的であった。母親は，やはり色白で上品で神経質そうなタイプである。ナオキは朝から午前中は気分が悪くて起き上がれず，午後から登校する日が多い。夕方は少し気分が良くなるので週3回通っていた家近くの塾も，学校を休んで塾に行っているのが心苦しくて最近やめてしまった。母親は「なんとか登校させたい。無理にでも起こして行かせたほうがいいのではないか。父親は自分が夜帰宅したときには元気なナオキを見ているので，怠けているのではないかと言って我慢できなくなっている」と話す。Co は症状から起立性調節障害などが疑われるが，より正確なアセスメントが必要と考え，夏休みの間に一度医療機関で診察を受けることを母親に勧め，いくつかの病院を紹介した。2回目の面接で，早速A病院の予約が夏休み中にとれたと報告がある。夏休み中でナオキも来談しバウムテストを施行し，その次の面接でKFDとKSDを描いた。ナオキについては，日中は登校できているので学校を優先し，母親にカウンセリングを行い，ナオキは学期に1回程度の来談とした。

2学期が始まり，ナオキは午後からの登校がほとんどである。病院の検査結果が出て，「起立性調節障害」と診断された。中程度であり軽いとはいえないとのことである。母親は，貧血だけでどうしてこんなに起きられないのかとずっと不思議だったので，診断が出てかえってほっとしたと話す。母は，医師からは，時間は多少かかるが成人するまでには治るでしょうと言われ，安心した反面そんなに時間がかかるのかとショックも受けた。ナオキは母に「怠けではないことがわかってもらえたのはいいが，だからといって自分のしんどさが楽になるものではない」と言った。貧血の薬と，昇圧剤，その他は症状に応じた薬が処方された。診断が出た時点で改めて次のような今後の方針を立てた。まず，身体疾患でもあることを担任の教員によく理解してもらうこと。そのうえでナオキの気持ちをくんだかたちでクラスメートにも理解してもらうこと。登校はナオキの心身の状態にあわせて行うこと。夕方以降の調子が良いといって昼夜逆転の生活などにならないようにすること。無理せずナオキが自分のペースで起き，登校で

きる状態になれば遅れてでも気がねせずに登校すること。こうして，両親がナオキの病気を理解し，心身のバックアップを行いながら，もともとストレスが要因になりやすい病気であることから，ナオキができるだけ現状を肯定的に受けとめ，希望がもてるような日常を支援していく。中学2年の転地学習は身体的にハードであるため参加を見合わせたが，中学3年の修学旅行には，Coは担任とのコンサルテーションを重ね，ナオキに配慮した別メニューで参加することができた。ナオキは病気とのつきあいの中で，自分なりの回復の手ごたえを得ながら高校に進学した。カウンセリングは終了し，フォローアップだけ行った。高校では，頭痛や腹痛は日常的にあったが，2年時には朝の低血圧や症状はかなり改善した。

　ナオキの描いたバウムテスト，KFD，KSDとその解釈を以下に示す。

**描画アセスメント**
　① バウムテスト
　PDIでは，ナオキは「かきの木が草原にある」と話した。

　全体的な印象は，弱い筆圧と繊細な描線による，弱々しいが描写にエネルギーを注いだ，手を抜くことのない，ナオキらしい丁寧に描かれた樹木である。小さな柿の実が細かく数多く描写され，成長の目的，成熟の象徴である実をたくさんつけた樹木からは，成熟すなわちこの病気からの脱出を願うナオキの心情を表しているようでもある。覆われた茂みの中の短い線は，神経過敏を表現している。葉のない枝は対人関係の困難さを示すが，覆われた短線で樹冠を描き，ナオキは精一杯に自分を守りながらも社会との接点をつないでいこうとしている。虫眼鏡が必要なほど，小さく描かれた蝶々が飛び，同様に小さな虫が幹を這い，神経質で完璧主義のナオキをうかがわせる表現である。また，草原で木の周囲を飛ぶ蝶はまだしばらく自分をちやほやしてほしいというナオキの願望を表している。描線の引き方は分断され，それは内省し，自己コントロールを考えるナオキらしさの投影である。

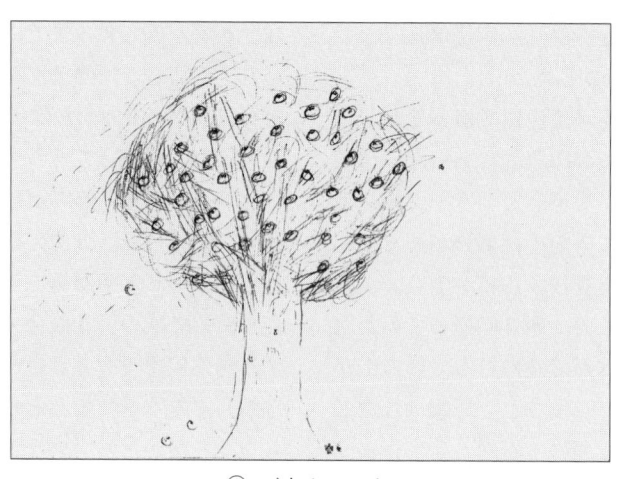

① バウムテスト

## ② KFD

自己像，父親像，弟像，母親像，の順に描かれている。父親像と弟像は立っているところ，自己像は寝ているところである。家でのナオキの自己イメージはやはり寝ている姿なのであろうか。さらに，その自己像は背面で描かれ，家でのナオキの自信のなさや，家族との交流を回避した孤立感がうかがわれる。母親像は，テレビを見ているところではあるが，寝転んでいる。ナオキに一番近い存在の母は，体質的にもナオキと同様に虚弱体質と語り，寝転んで疲れをとっている姿なのであろう。家族は個々に別々の行為をしており，家族成員間の希薄な心の交流がうかがわれる。

## ③ KSD

最初に先生像を描き，続いて友だち像三人を描いて，最後に自己像を描いた。自己像だけが寝転んでいる。登校してからも心身をすり減らすナオキの休息を求める姿であろうか。学校内を写実的に描いたこの絵は，ナオキの生真面目さや融通のなさがうかがわれる。構図を利用したいくつもの包囲や区分が用いられ，ナオキの学校場面での不安や防衛がうかがわれる。中央部の木の根元のラインにより，自己像と友だち像を包囲し，学校における自分自身を，包囲を用いることにより防衛しているともみられる。

② KFD

③ KSD

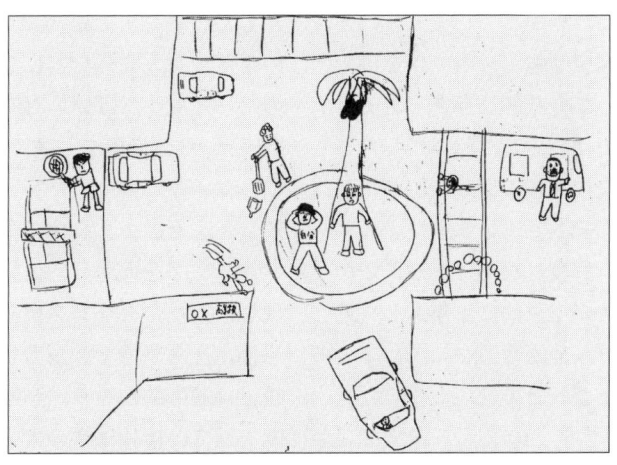

アセスメント事例16

# 給食の偏食を叱責され不登校になったテッペイ（中学生）

**事例の概要**

　家族構成：父，母，姉（高校1年生），テッペイ（中学2年生），弟（小学6年生）

　主訴：不登校

　相談の経緯：

　テッペイは幼少期からすべてに真面目で模範タイプの子どもだった。成績は常に上位である。歯の矯正中だった中学2年の4月に新担任の教員から，給食を食べ残したことを強く叱責され，「勉強できても，きまりを守れない人間はダメだ」と言われたことがショックで，その翌日から登校できなくなった。そのまま7月まで欠席が続き，Coに母子で来談した。

　もともと集団の中での不安や緊張が高く，学校生活全般に真面目で融通がきかず過剰適応してきた息切れ状態のテッペイが，担任からの理不尽な叱責により，一気に緊張の糸が切れてしまったように思われた。家では，積極的で強気な父親から「男は負けるな，積極的に攻めていけ。一流大学でないと進学させない」と言われてきた。父親の前では，萎縮してしまう。姉と弟も父親に似たタイプで勉強とスポーツを両立させ，テッペイにとって脅威的な存在である。母親が一番の理解者ではあるが，休みだした当初は母親も混乱し，登校を強く促して泣いたり叱ったりした。「新担任になったら登校する」と宣言し，中学2年は登校しなかったが，この間，幼なじみの友だちが自主的に1年通して連絡物を届けてくれたり，放課後遊びに誘ってくれたりして，少数の友だちとの交流は続いた。Coは学校と連携し，3年でのクラス編成ではこれら友だちの配慮をするなど学校生活の環境調整を行った。3年は新担任になりテッペイは登校再開し，ほとんど休まず登校した。高校は希望の進学校に合格した。Coからは少しゆとりある選択を心がけるように助言し，入学の際に学校から特進クラスを勧められたが断り普通クラスを選択した。カウンセリングはいったん終了した。

　高校入学後はほぼ欠席なく成績も上位で1年を過ごした。2年に進級の際に，学校から再び特進クラスを強く勧められて，テッペイは断りきれずに受諾した。ところが，この特進クラスの雰囲気になじめず5月連休明けから不登校になった。1か月ほど欠席した後Coに再来した。

　カウンセリングでテッペイは，これまで自分が父親の強気の生き方や姉弟の積極性に比較され，自分らしい生き方を選択できなかったと振り返る。「これからは，自分らしく生きたい，父から許されない生き方かもしれないが，自分と父親は違っていいと思うようになった」「母は唯一の理解者であるのに，その母を不登校で苦しめてきた」と語る。Coは，特進クラスでの学習や対人関係などにも，自分らしく，自分のペースでやればいいと助言する。テッペイも「4月からは無理をしていた。自分のやり方でやっていけばいいのだ」と思い直し，登校を再開した。その後，高校卒業まで，月1回のカウンセリングを継続し，欠席がちではあったが卒業し，カウンセリングは終了した。当初，不安恐怖，社会恐怖などが考えられたが，高校再登校後は適応的になり，卒業後1年自分探しの時間を経て，情報工学の大学に進学した。

　治療初期のテッペイと母親のバウムテストと

KFD とその解釈を以下に示す。

**描画アセスメント**

① バウムテスト（テッペイ）

　用紙の中央より若干上部に小さく描かれた木からは，抑うつ感や自己否定感が示され，テッペイの内向的で自信のなさや自己防衛が推察される。また，小さな女性的で幼児性のみられる描写からは，後悔や孤立しながらも，自分の才能を表現しようとするテッペイの姿がうかがわれる。現実の経験や能力とは関係なく，拒否感や無力感に悩まされているテッペイの自己像でもある。小さなサイズや装飾的なデザインには，青年期の男性からは不適切な感じがうかがえる。感受性の強さからの傷つきや自己否定感を抱えながら，現実の学校生活への適応の努力や困難さが示唆される。樹冠部の半円形の輪郭は感受性の強さを表し，他者からみて些細なこともテッペイには強く響く経験をもつことが示唆される。枝はなく，現実感の希薄な自己表現の不得手なテッペイの姿が推察される。PDIでは「うーん，何の木？　……りんごかなあ？　うーん？」と何事も決められないテッペイらしい応答であった。

② KFD（テッペイ）

　家族五人がマラソンをして走っているところである。先頭に父親像，次に母親像，姉像，テッペイ像，弟像，の年齢順で描いた。父は走っている，母はその後ろを走っている，姉はその後ろを走っている，自分はその後ろを走っている，弟はその後ろを走っている，と説明した。中断や休止することを許されず，走り続けるテッペイ自身の姿であり，家族の姿でもある。家族全員の下に引かれた人物下線は，家族成員相互間の人間関係の不安定性を示唆している。さらに，その不安定感を解消するために堅く強い土台が必要なのであろう。強いストレス下にあるテッペイの心性の表れである。何重にも強調されたその下線からは，そのストレスの強さが推察される。

　　① バウムテスト（テッペイ）　　　　　② KFD（テッペイ）

③ KSD（テッペイ）

　KSDは用紙を前に長い間考え込んだが，描けず，学校場面への強い防衛が感じられる。

④ バウムテスト（母親）

　テッペイの木よりもかなり大きく，母親の自己肯定感や安定感が示唆され，これまでのテッペイを支えてきた過程での母親の力が推察される。幹に対して樹冠が大きく理性や知性が支配的な母親の養育態度がうかがわれる。しかし，母の木には実はなるが枝ぶりはなく，自分自身の方向性や自己実現への不安もみられる。葉が描かれておらず，悲観的で人づきあいの苦手さが示唆されている。半円形で囲まれた樹冠に若干破線がみられ，地平線にも破線がみられ，母親の抑制が示唆されている。子育てへの自信喪失の強くみられた当時の母親の心理状態が投影されている。

⑤ KFD（母親）

　家族全員でドライブしているところである。描いた順序は，最初に父親像を描き，車を運転していて会話もしている。次に母親像で，助手席で会話している。次に姉像で，ウォークマンを聞いている。次にテッペイ像で，寝ている。最後に弟像で，母と会話しているところで，年齢順に描かれた。弟像を母親の近くに描いたのは，いつも母のそばにいる末っ子の姿なのかもしれない，寝ているテッペイからは，家族との交流を回避するテッペイの心理的背景が推察される。車に乗るというかたちで家族全員を包囲しており，家族を車に閉じ込める包囲様式は，恐れや不安の表現と考えられ，母親が父親の支配下で家族全員をまとめなければならないという不安や恐れの投影ともいえよう。

④ バウムテスト（母親）

⑤ KFD（母親）

Part 1 アセスメントの一手法としての描画法

アセスメント事例17

# 社会不安や不安障害を疑われる長期不登校のタダシ（中学生）

## 事例の概要

　**家族構成**：父，母，兄（高校2年生），タダシ（中学1年生）

　**主訴**：不登校

　**相談の経緯**：

　タダシは幼稚園から中学まで父親の転勤で転校を繰り返し，その都度友人関係や担任の教員との関係がうまくいかなかった。中学入学後は，苦手な体育の授業に出られず休みはじめ，1年の7月には全欠状態になった。2学期始業式，頭痛や下痢を我慢して宿題提出と通知表を返しに行くが，腹痛や下痢，微熱が治まらず，翌日以降欠席が続く。父親は欠席を許さず登校できないと暴力をふるうため，タダシは父親が在宅の日と定期考査の日だけは登校したが，その他は外出もできなくなり12月にCoに母親が来談した。

　母親のみ来談し，タダシが家から出られないので家庭訪問をして一度会ってほしいと依頼があり，翌月初回の家庭訪問を行った。タダシとはリビングで面接したが，冬であるにもかかわらず半そでTシャツ姿であった。タダシは「行くときは行きますから大丈夫です」「悩みはあります……」と言い，母のほうを見て「時間が解決します」と話す。タダシは関心のある星の話を熱心にするが，学校の話はせずに終える。兄の家庭内暴力に悩んでいると母親に打ち明けられ，Coは家族の問題として支援し，兄は1年ほどで落ち着いた。タダシは中学2年になり，朝の身体症状は強く欠席が続くが，5月の中間考査の日，母親に登校を促され，遅れそうになりながら「恨むからな」と言って登校する。別室はいやがり教室で受け，初めてクラスメートの顔を見た。その後もほとんど登校せず，9月の訪問では「先生に教えてほしいことある」と言って，テレビから得られた情報などを確かめたりした後，やはり好きな星の話題を2時間近く話し込む。来月も家庭訪問してほしいとタダシ自らが希望し，翌月に訪問する。この日初めてタダシは吐き出すように，小学生のときひどいいじめにあったと話し出す。

　その内容は「小学5年のクラスは信じられないほどひどい担任だった。優しい子とか弱い子ばかり眼の敵にして，要領のよい子ばかりかわいがる，ひどいえこひいきをする。気に入らない子には，物をぶつけたり，叩いたりする。自分とA君めがけてその先生が教室の棚の引き出しを投げて，かがんで間一髪で助かった。6年も同じ担任でいじめられたが，その先生が病欠した代わりに来た先生がとても良い先生だった。優しくて公平で，今まで出会った先生で一番良い先生だった。でも3か月ほどで担任が復帰し，その先生とは会えなくなった。転校したときは，言葉の違いでクラスメートからいじめられた。この5・6年の担任の先生に出会い，学校不信，教師不信がつのった。中学に入っても，先生や友だちには全く期待していない」。

　タダシは過去の辛かったことや人間不信，学校不信を2時間ほど話し続けた。自転車で近所の人とすれ違いざまに触れ，その人が警察に訴えに行くのではないかと不安になり，それ以降外出しなくなった。

　3年になり，修学旅行には行くと決意し，5月修学旅行に参加したが，帰宅後「楽しくなか

った」「もうみんなと同じ高校には行きたくなくなった。地元の公立高校には行かない」と言って，午後から登校する単位制高校に行きたいと語る。修学旅行帰宅後はほとんど登校することなく中学を卒業した。後の面接で，修学旅行で物がなくなり濡れ衣をきせられたと話した。希望校に合格し，高校入学後も来談し，人とのかかわりに不安や恐れを抱きながらも，人には話しかけられたくないが本当は話がしたい，気の合う友だちと会話したいと語る。タダシは母親にも自分の意見や気持ちを話すようになり，おびえるようにタダシに接していた母親とタダシがお互いを尊重しあえる関係になった頃，登校はほぼ定着し，「大学に進学して天体を学びたい」と希望を語った。

中学2年の秋にバウムテストを施行し，翌面接日にKFDを描いたが，KSDは描かなかった。同席面接の母親も希望してバウムを描いた。その描画と解釈を以下に示す。

**描画アセスメント**

① バウムテスト（タダシ）

描画後タダシは「丘の上に立つ木，1本だけ立つ」と話した。この樹木の特徴は，盛り上がった形の地面である。曲がったラインが岡の形になっているときは，うぬぼれの感覚を示唆するという見方もあるが，孤独を表すという見方もできる。優れた才能というよりは，不安定な孤立や虚栄心の表れであろうか。タダシが自分の考えを正当化し，それを理解できない周囲を否定的にとらえている姿とも符合する。樹冠の右下に重たそうに垂れ下がる大きな実がある。成長の目的，成熟の象徴である実が，重たそうに垂れ下がる姿に，タダシの現在にも将来にも抱える不安や不全感が推察される。葉の欠如は快活さのなさや外界との接触意欲の低さや対人関係のまずさを表し，登校という社会との接触を避け，家庭内では兄の暴力におびえ防衛してきたタダシの姿でもある。幹につけられた傷跡が，タダシの不安や防衛の表れとも推察される。

① バウムテスト（タダシ）

② KFD

　父親像，兄像，母親像，自己像の順序で描いた。家庭での立場の順ともとれるが，タダシにとって心理的に遠い人から描かれている。タダシだけ背面で描かれ，顔が描かれていないことは注目に値する。家庭の中でも，タダシは自己肯定感がもてずにいることから，拒否的で否定的な心情の表れともとれる。家庭内暴力で荒れていた兄の表情はもっとも厳しく，父親はタダシの方向の横向きで描かれ，タダシの父親に対するアンビバレントな感情がうかがわれる。カウンセリングを通してタダシを一番理解しようとした母親の顔がもっとも優しい表情に描かれている。家族四人は，ばらばらに立っているが，父と兄は立っている，母とタダシは会話している，と説明した。タダシとの心的距離が描画上の距離にも投影されている。

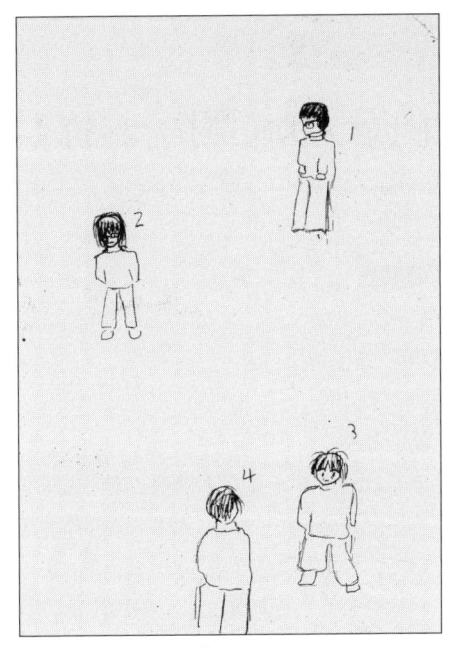

② KFD

③ バウムテスト（母親）

　タダシの樹木よりも大きく，エネルギーの高さが感じられる。この母だから，兄の家庭内暴力に長年悩み，タダシの不登校に苦悩しながらも我慢を続けるエネルギーが絶えずきたのであろうか。一方では，この樹冠部の異常な大きさは，ムードに弱くすぐにあきらめる傾向を示唆するという解釈もできる。山なりの地平線は現実逃避や生活基盤の不安定さを示唆し，根づきのない木は，厳格な父母に棒でつつかれながら育った母親の幼少期の愛情確認の希薄さを表しているともみられる。樹幹に対して大きな樹冠は，問題を母性や現実感よりは知性や理性で解決しようとしてきた，現実対応に苦慮した母親の投影ともみられる。先の鋭い枝は攻撃性を示唆し，全体として幼児性の残る表現とアンバランスな描写でもある。

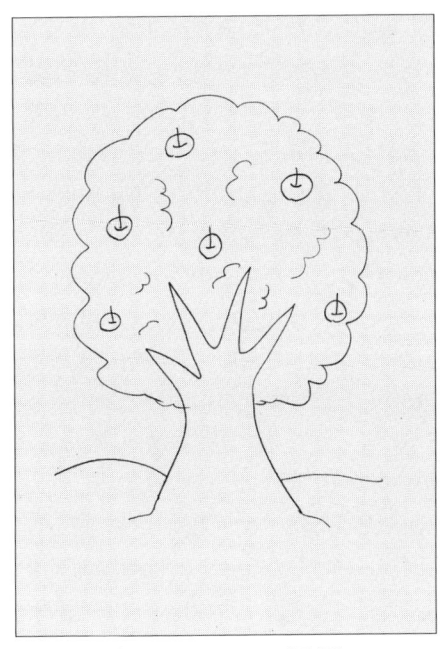

③ バウムテスト（母親）

アセスメント事例18

# 校内暴力から男子が怖くて不登校になったオトハ（中学生）

### 事例の概要

家族構成：父，母，オトハ（中学2年生），弟（小学4年生）

主訴：不登校

相談の経緯：

オトハは幼少期から対人関係が苦手で，小学校から不登校傾向だった。入学した中学校が荒れていて，校内暴力やいじめが横行していた。オトハは騒がしさが苦手で，中学校の騒々しさに耐えられなくなり，教室に入れなくなった。その中学では，数人が別室登校しており，オトハも別室登校するようになったが，次第にその別室も騒がしくなり，登校できなくなった。学力は高く，不登校になってからも家庭学習だけで上位の成績をとる。両親は転居すれば転校できると決心し，6月，オトハは近隣の市に転居し，校区の中学校に転校した。前の中学に比べて学校内は落ち着いていたが，知らない土地への転居のうえに，年度途中での突然の転校となったオトハは，転校先中学校でも，人が怖い，とくに男子が怖いと言って，教室に入ることができなかった。またその中学校では別室登校の対応がなかったために，不登校を続けた。学校の勧めで，9月はじめに母親が来談した。

初回面接は母親だけが来談し，次回から母子並行面接に移行した。オトハは面接場面でもほとんどしゃべらず，小声でぼそぼそと話す。しかし，緊張感やおびえや不安はあまり感じられず，意図的な防衛が強く感じられた。たいていの質問には必要最小限の受けこたえをするが，学校に関する話になると，しっかりと首を振って，教室には入らないことを意思表示する。

「やかましいから」と言う。別室なら少しでも登校したいとのオトハの意思を学校に伝え，教員数の余裕がないという理由で難航したが，養護教諭からできるだけ別室に協力すると援護があり，別室登校が認められるようになった。週に1回から別室登校は段階的にペースを上げ，卒業時には週4回になった。オトハは学習熱心で，登校すると，終始学習や本を読んで過ごす。理系の学習がとくに好きで，本もサイエンスものが多い。Coから，ちょっとしたことで，理系の知恵を発揮できるチャンスをつくった。たとえば，箱庭のパーツが壊れたときに，どうやって修理したらいいかと質問してオトハに助けを求めるといった状況をつくると，オトハは生き生きといつもより明確に言葉を発して教えてくれる。最初は必ず母親と付き添い登校していたが，中学2年の終わり頃には登校は母親の付き添いだが，帰りは一人で帰宅するようになる。中学3年の2学期からは，一人で登下校するようになった。学校内では誰ともしゃべらず友だちはいない，オトハ自身つくる気持ちはないと話す。将来について理系志望と明確に意思表示する。だから，大学受験のできる高校に進学したい，そのためには，登校できるようがんばりたいと言い，教室には入れないが，別室登校の回数をCoと相談しながら増やしていった。さらに，高校は，別室登校や不登校でも受け入れてくれる高校の中から，女子のみで少人数で，大学受験にも熱心な高校を選択して合格した。高校入学後のカウンセリングでいったん終了し，その後は学期に1回程度のフォローアップとした。

高校進学後は，別室登校することなく，友だちも数名できて，一緒に食堂に行ったりおしゃべりするのが楽しいと話す。遠距離通学で通学電車はたいへんだが，クラブも中学を休みはじめるまで入っていたコーラス部に入り，クラブ活動も勉強も楽しいと報告した。自分の居場所を失った中学生活をしのび，高校生活のスタートは生まれ変わったように生き生きとしたものとなった。

オトハの面接は，中学校2年9月から高校入学まで2週に1回程度から次第に月1回程度実施された。何度か描画に誘おうとしたが防衛が強く，しばらくは絵に誘うことなく1年が過ぎたある日，バウムテストに誘ったところ，鉛筆を持って描きはじめた。あちらで描いてもいいかと聞き，応接セットの奥にある小机で一人描いた。描き終わった様子なので，小机に見にいくと，オトハは描いた絵を何重にも折り重ねていた。オトハの描いたただ1枚の絵である。

以下にその描画と解釈を示す。

## 描画アセスメント

① バウムテスト

まず，驚いたのは「折り紙区分」といえる様式の使用である。紙面ではほとんどスキャンされず見えないが，その一部は描画中のラインとして見えている。オトハは折り紙区分の中に1本1本の小さな木を描いている。著者の長年のカウンセリングで，この折り紙区分に出会ったのは数回に満たないし，一般にも1％以下の出現率といわれるめずらしい様式である。「区分」様式のさらに強いものといわれるこの「折り紙区分」の使用は，オトハの防衛の強さや不適応を示唆するものである。

次に，この絵の特徴的な点は，濃く塗りつぶされた樹冠である。黒は無限の裂け目といわれるように，オトハの硬い性格そのものを象徴している。自己と環境との境界が弱く，どうしようもない無力感や不安定感を示し，誠実さの欠如の示唆でもある。この完全に覆われた茂みが，強迫的な思考様式や補償的に過度の完全癖をともなった著しい不適応を示すともみられる。

さらに，この絵の特徴は，中心の大きな木の右側に3本描かれた小さな木である。これは，「おとり」といわれる様式である。一般に「おとり」は，木の根元近くに，詳細なきれいな花が描かれたり，草むらや花，かん木などが描かれるものである。解釈の仕方は，木からの距離によるとされる。何か重要なものから，注意をそらすように考案されており，自分の性格の複雑さは認めているが，その情緒を決して明らかにしようとしない姿とも解釈される。

このように，非常に防衛的で自己表現を避け，決して描こうとしなかった描画を1枚きり描いたオトハが，それを機に，徐々に人を避けることも軽減し学校生活に適応していった現実を目の当たりにした，印象深い描画であった。

① バウムテスト

アセスメント事例19

# 中学でいじめにあい長期不登校になったヨシコ（高校生）

## 事例の概要

**家族構成**：父，母，ヨシコ（高校1年生），妹（中学1年生）

**主訴**：不登校（長期のいじめによるPTSD）

**相談の経緯**：

ヨシコは，幼少期から小学校卒業までは，友人関係も良好で面白い子といわれることもあった。学力は常に上位であった。中学でひどいいじめにあい，ほぼ不登校状態で高校に入学した。高校入学後しばらくは，緊張しながらも登校したが，5月連休明けから全欠になり，6月に母親だけで来談した。

初回面接で母親から経過が話される。中学2年のとき，クラスの数人からひどいいじめにあうようになる。お金をゆすられる，恐喝される，時には体罰もあった。人が怖くなり，不登校になり，中学2年の2学期からは全欠になった。恐喝の実態を母親が知ったのは中学2年の3学期，母親がヨシコの制服のポケットに「金を持って来なかったらボコボコにするからな！」などと書いたメモが入っていたのに気づいてからである。当時，中学のスクールカウンセラーにも母親から相談したが，学校に出てこないと対処のしようがないと言われるという。中学3年当時の担任は親身になってくれたが，いじめに向き合い根本的な問題解決に取り組んでくれる人は学校にいなかった。母親はヨシコに内緒で来談したが，その後ヨシコにも了解を得て母子並行面接に移行した。

教室には入れないが登校したいと言うヨシコの気持ちをくんで，Coから学校に依頼し，出席扱いにはならない前提だが，別室登校を許可された。別室では一人で夕方遅くまで勉強して過ごすが，同じ中学から来た者が何人かいることもあり教室に入れない。同級生とは出会えないが，数人の教員とは話ができる。Coは担任や関係の教員とのコンサルテーションを実施し，まずは，ヨシコが話のできる何人かの教員が，授業前にふらっと別室に立ち寄り，ヨシコを誘ってみて一緒にその授業に行くなど，守られた構造の中での試みから始めた。欠時オーバーを避けたい一心でヨシコは，そうした授業から教室に入るようになる。今の席が前列席のため，入りにくいヨシコのために，Coから学校にお願いし，一番後ろ端（窓側）の席に変わる。ヨシコはたいへん救われたと喜ぶ。ヨシコは，2年への学級編成では，中学でいじめた人と離してほしいと，その名を書いたメモをCoに渡すが，人数の多さに驚く。どこまでもとことん守り抜いてくれる人，その経験が必要と判断し，まずはCoがその役割を果たしながら，周囲の環境調整をつなぐ。

家庭では，中学生の妹も不登校状態である。妹の不登校のきっかけは，同級生のいじめグループに入らなかったことで仲間はずれにされたという。妹の不登校が続き，学習の遅れを心配した両親は，家庭教師をつけたが，この家庭教師が，学習にも集中できず幼稚な妹に腹を立てなぐったことから，妹は一層家庭に引きこもるようになった。妹は，夜中に恐怖に襲われ眠れなくなり，深夜に両親や姉を起こそうとする。ヨシコは家庭でも安心が得られない状況であった。こうした家族の問題にも対応し，ヨシコを支える環境づくりをしていく。神経質で予期不

安の強い母親に，ヨシコや妹への具体的な対応や，物事への対処方法などを助言する。次第に教室に入る日が増え，欠席日数をクリアして3年に進級したヨシコは，学校の配慮で別室の使用を続けながら教室での授業時間数をぎりぎりながらクリアして無事に卒業し，その年念願の大学進学を果たした。中高の同窓生など関係者のいない大学では休まず登校した。

初回面接と高校2年の秋にバウムテストを施行した。いずれの際もKFDとKSDを試みたが，二度とも「描けないと思います」と言って10分ほど用紙を前にじっと考え込んでいたが結局描かなかった。以下にその描画と解釈を示す。

### 描画アセスメント

① バウムテスト（カウンセリング初期）

用紙の中央に小さく描かれた木からは，抑うつ感が示唆され，ヨシコの自信のなさや自己防衛が推察される。また，小さく幼児性のみられる描写からは，拒否感や無力感に悩まされ，後悔や孤立しながらも，自分の才能を表現することに専念するヨシコの姿がうかがわれる。紙面に対して不適切に小さなサイズの装飾的なデザインは，本音を見せたくないヨシコの投影ともみられる。ヨシコが過去のいじめからの傷つきや自己否定感を抱えながら，現実の学校生活に適応していくことの困難さが示唆される。

KFDとKSDは描かず，家族や学校場面での強い防衛が感じられる。

② バウムテスト（カウンセリング中期）

前回の木をそのまま大きくしたような木を描いた。木の形態，実の数や位置など，そっくりで驚かされる。描画後，前回の木を覚えていたかの質問には「覚えていました」と答えた。パーソナリティの可塑性の問題が推察され，このことがヨシコの適応を悪くしているとも思われた。木がそのまま拡大されたことが，ヨシコの

① バウムテスト（カウンセリング初期）

② バウムテスト（カウンセリング中期）

自己肯定感の拡大との見方もある。

1回目と同様に，KFDとKSDは描かず，家族や学校場面での強い防衛が感じられる。

アセスメント事例20

# 自己臭恐怖でクラスにいるのが怖くなったワカナ（高校生）

## 事例の概要

　家族構成：父，母，ワカナ（高校1年生），弟（中学2年生）
　主訴：自己臭「自分の脇の下や身体の臭いが漏れる」の訴え
　相談の経緯：

　ワカナは几帳面で真面目な高校1年であり，遅刻や早退も一度もなかった。しかし7月に入った頃から，授業への遅刻が増え，学校での様子が気になるということで，担任の教員からの紹介で，ワカナ自身がCoに来談した。

　初回面接のワカナは，繊細でおとなしい印象であった。ワカナは「実は相談したいことがあります。担任の先生は男性なのでこのことは内緒にしてほしいです」と前置きをして話しはじめる。「教室でクラスメートのほとんどが咳き込む。これは自分の体臭がくさいからだと思う。最近は，かなり暑くなってきたので，臭いがきつくなっている。すでに，教室で皆が下敷きなどで頻繁にあおいでいる。咳き込んでいる。これは，私の体臭がくさいからだと思う」「期末考査が終わったばかりなんですけど，テスト中にも，隣の教室でも，コンコンと咳払いが聞こえる。これは，暑くなって窓やドアがあいているので，隣の教室にも臭いが伝わって，その臭いに隣の教室の人が咳き込んでいるのだと思う」と訴える。中学3年のときに初めて体臭が気になりだしたが，高校受験があったのでそのままにしていた。高校入学当初はしばらく忘れていた。ひととおりワカナの話を聞き，〈そうだったんだね，誰にも言えなかったんだね〉と言うと，ワカナはうなずいて涙ぐんだ。Coから，心配しなくてよいとまずは伝える。2回目の面接で，教室の自分の席が最前列の真ん中で，社会の教員の怒鳴り声が怖くて辛いと話した。学校との連携が必要と判断し，担任には秘密厳守の了解を得たうえで，ワカナから相談のあった点についての配慮を依頼した。まずは緊張や不安のもとの席替えを，ワカナを真ん中席から希望する一番後ろの席にできるだけ早く変われるようにした。カウンセリングがすすみ，ワカナは小学生の頃から集団は苦手で，とくに怖い教員の怒る声や乱暴な声，大声などには身がすくんでしまうと話す。中学3年で臭いが気になり出したときのクラスがとても荒れていて，男子の騒ぐ声や騒々しさに，不安や恐怖を感じるようになった。「高校になって勉強も皆が偉く見えて，自信がなくなって，通っていた塾もやめ，がんばって期末テストを受けようとしたら臭いが気になってテストに集中できなくなって……」「心の緊張が身体の緊張になるんですね」「今回は，たまたま自分が最前列の教卓の前席になりすごく緊張して，そのうえ社会の先生がとても怖くて，自分が叱られているように感じて，緊張がピークになって」「自分を守りきれなくなって，臭いが気になり出して」「自分以上の自分でなくていい」。ワカナは次第に自我が成長し，体臭の訴えもほとんどなくなった。もうしばらく一番後ろに席をおいてほしいという希望も自ら担任に伝え，2年に進級しクラスになじんだところでカウンセリングは終了した。

　2回目の面接でバウムテストを施行し，4回目の面接で，KFDとKSDを描いた。その描画と解釈を以下に示す。

## 描画アセスメント

### ① バウムテスト

描画後ワカナは「少し濡れた木，実を落としていくところ」と話した。

樹冠内にびっしりと隙間なく葉が描かれ，これほどまでして自己の何かを覆い隠そうとしているのか，この覆われた葉の下には，ワカナにとってよほど大事なもの，他人の目には絶対にさらしたくないものが隠されているのだろうか。手を抜くことの苦手なワカナを表している。びっしり覆われた樹冠から小さな黒い実が落ちていき，漏れ出した臭いのようだ。こうした表現や，上部のはみ出した位置も，能力以上の望みや理想の高さを表す。「完全」でなくても周囲に受け入れられる体験をすることが大切と考え，このような防衛の強いワカナを，慌ててその守りを引き剝すのではなく，ゆっくりと温かく受け入れられる経験を重ねることが重要と考えられた。平行線の幹は融通性のなさを示唆する。感受性の強い描画である。

### ② KFD

母親像，父親像，弟像，犬，自己像の順に描いた。自己像よりも弟像を先に描き，犬よりも後に自己像を描いた。この描いた順序は弟中心の家族というワカナの話と符合する。自己像にみられる陰影は，ワカナが家でも防衛的で不安が高いことを示唆している。母親像は洗濯をしているところで，母親の洗濯という汚れを洗い流す行為がワカナの家族への愛情欲求や，臭いや汚れへのこだわりを表わしている。家族がそれぞれ別々の行為をしており家族間の相互交流は希薄であるが，それぞれの人物像の顔の表情も悪くなく，全体としては顕著な問題はみられない。

① バウムテスト

② KFD

③ KSD

ワカナは,描画後の質問に「教室の風景」と説明し,人物像と並べられた机が描かれている。四人の友だち像を描いた後に五番目に自己像を描き,最後に先生像を描いた。ワカナは,いったん置いた鉛筆をもう一度持ち,いっきに先生像を塗りつぶした。ワカナにこのような激しいところがあったのかという驚きと同時に,こんなに我慢していたのだろうかと感じさせられた。自己像は背面で一番薄い筆致であり,すべての人物像は輪郭のみで,顔の表情は描かれていない。ワカナの集団での緊張感や防衛がうかがわれる。「塗りつぶされた先生像は特定の先生ではない,どうしてこんなことしたのだろうか」と言い,ワカナ自身もショックだったようだ。この絵を描いたあと,ワカナは怖い社会の先生の話などを語りはじめた。

③ KSD

## アセスメント事例21

# 小学3年生からの場面緘黙で高校入学したマサオ（高校生）

**事例の概要**

家族構成：父，母，マサオ（高校2年生），妹（中学3年生）

主訴：場面緘黙（学校でしゃべらない）

相談の経緯：

マサオは小学3年から場面緘黙が続き，高校に入学した。高校2年の担任の教員が高校卒業後の将来や進路を案じ母親にカウンセリングを受けることを勧めた。小学3年で緘黙状態となったときに，専門機関に相談したが継続する気がすすまず中断となった。母親は今回もためらったが，将来を案じCoへ来談した。

マサオは幼少期から口数は少なく，小学校入学後は学校ではあまり話さなくなる。小学3年のときに担任の教員から話すことを強要されたり，しゃべらないことを叱られたりしたため，緘黙状態は強くなった。小学4年では，ゆっくり待ってくれる担任で穏やかに過ぎた。小学5年では「マサオ一人にだけ時間はかけられない」と急がされたり，なぜ話さないかと叱られた。6年の担任は母親からみてマサオに愛情深かったが「マサオ君が声を出したらみんなで拍手しましょう」といった対応に，マサオはますます話すことに抵抗が強くなり，学校場面では完全に緘黙となる。小学1年の担任から「話をしない，コミュニケーションがとれない，自閉症ではないか」と言われ，教育センターに相談したこともあるが，引っ込み思案だけで自閉症の傾向はないと言われ，相談も1回かぎりとなった。中学でも学校では一言もしゃべらず，緘黙状態で過ごす。家では無口だが話はする。外でも学校でなければ年下の者とは少しは話せる。家族ぐるみで親しい知人からは「あの子がしゃべらないなんて想像つかない」と言われる。マサオは休日などには一人でふらりと自転車で出かけるのが好きである。

高校に入学してクラスでの自己紹介のときに全く声を出さず，心配した担任の教員は，マサオと同じ中学出身の生徒たちから事情を聞き，マサオに話すことを強要しなくなった。マサオが，授業の指示が理解できているのか，コミュニケーションが可能なのか，不安を感じた高2の担任が，母親にカウンセリングを勧めた。高2の夏休み明けに母親が来談し，数回の母親面接を経て半年後の3年の春休みに，進路相談ということで母親がマサオを誘い出し，マサオの来談となった。初回面接のマサオはかすかに声を出したがしゃべらなかった。2回目の面接でバウムテストを施行した。3回目の面接からは徐々に話すようになった。骨太の声である。4回目の面接に，KFDとKSDを描いた。進路について，自分の気持ちや希望を話しはじめた。本当は理系に進みたかったが成績が悪いから文系に進んだ，動物が好きで獣医になりたかったなどと語る。〈今からでも獣医になる方法あるかもしれない〉とCoとマサオで一緒に調べる。できるだけ多くの情報を得るなかで，マサオ自ら「やはり理系の勉強は間に合わない。工芸の専門学校に行きたい」と自己決定する。学校場面での緘黙は続くが，専門学校入学面接では話ができて合格する。その後，元気に通学している，やはりほとんどしゃべらないが必要なことは伝えているようだと，母親から連絡があった。

以下に描画とその解釈を示す。

## 描画アセスメント

KFDとKSDは何度も消して描き直した。④に初回面接で母親の描いたバウムテストを示す。

### ① バウムテスト（マサオ）

このバウムの特徴は、幹に対して小さな樹冠が印象的であり、自我防衛的で萎縮した表現である。枝や葉はないが、円で実が4つ描かれている。幹に引かれた描線の短いストロークからは、不安や抑うつ傾向がみられる。マサオの場面緘黙が、不安を呼び起こす対象から回避できない場面で働く自我防衛反応の一種であり、また不満な状況に対する反抗や拒否の間接的な表現であることが推察される。地平線は描かれず、樹冠も葉ぶりはなく、力ないラインが引かれており、社会との接触を避け、内向したマサオの投影でもある。

### ② KFD（マサオ）

まず自己像を描き、次に父親像を自己像を半分隠す位置に描いた。3番目に妹像を描き、その妹像に半分隠される位置に最後に母親像を描いた。このKFDの特徴は向き合う人物像間の距離の長さである。食事場面であるが、長いテーブルで、母親像と妹像が、自己像から遠ざけられている。棒状人間を描かないという教示であるが、マサオは棒状人間を描いた。家庭においても人を回避した自我防衛的な反応ともみられ、拒否的な表現である。食卓には皿だけがのり、食べ物は描かれず、温かみの希薄な、マサオの愛情欲求の対象がみつからない姿が投影されているようだ。全体にマサオの空疎な情緒がうかがわれる。

① バウムテスト（マサオ）

② KFD（マサオ）

Part 1 アセスメントの一手法としての描画法

### ③ KSD（マサオ）

体育の授業でバレーボールをしている場面である。KFDと同様に棒状人間を描き，学校における人を回避した自我防衛的な反応ともみられ，拒否的な表現でもある。自己像を最初に描き，その後友だち像を描き，最後に先生像を描いた。先生像のみは手を組み，いかにも動きが拘束されているようであり，マサオの先生に対する回避的感情や先生を脅威と感じている心理がうかがわれる。マサオの手からボールが激しく投げ出された描写であり，マサオの攻撃性が表現されている。先生像と自己像とはネットで区分化され，さらにその先生像と自己像が一番遠くに描かれており，マサオの先生への否定感や拒否感がうかがわれる。全体に，マサオの対人関係の拒否感や防衛が強く感じられる。

③ KSD（マサオ）

### ④ バウムテスト
　　（初回面接時の母親）

紙面を横に使い，マサオとは対照的な巨木である。用紙の横向きの使用は，母親の，周囲への協調が苦手で，周囲の環境が自分に合わせていくべきだとする姿勢との見方もあり，母親の指示的な養育姿勢とも関連する表現でもある。紙面から若干はみ出している樹冠からは，自己肥大した母親の自己像ともみられ，活発な妹やこの巨大な母親のもとでマサオは自己表現の困難を抱えてきたとも思われる。

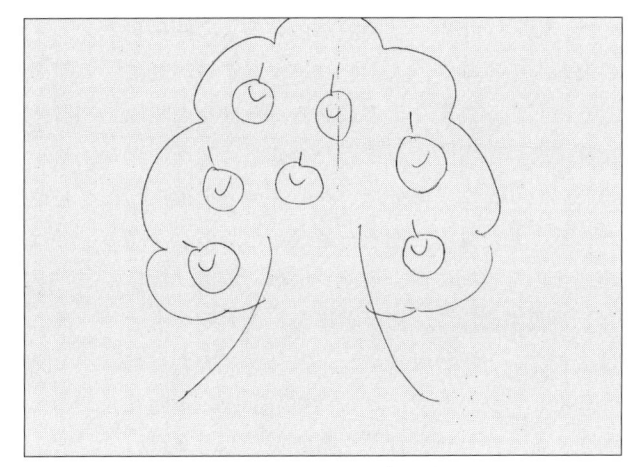

④ バウムテスト（母親）

### アセスメント事例22

# 病院でのうつ病の診断に疑問をもったハナコ（高校生）

### 事例の概要

**家族構成**：父, 母, 姉（大学生）, ハナコ（高校2年生）

**主訴**：心療内科でうつ病と診断された

**相談の経緯**：

ハナコは, 常に自分よりも優秀といわれる姉との二人姉妹である。両親は, 姉よりも自由奔放なハナコに幼少期はかなり厳しくしつけたが, 中学生以降はハナコの反発が強くなり, あまり干渉しなくなった。

母子同席の初回面接での主訴は「心療内科を受診してうつ病と言われ, 不安と緊張をとる薬を飲んでいる。登校は続けたいので, カウンセリングを受けたい」と記入された。ハナコの話では, 高校1年の2学期頃からクラスの仲良しの友だちの言動や, 人を悪く言うところが気になりはじめ, 高校2年のクラスからは友人関係を変えたいと考えた。そのため進路は文理で迷っていたが, 女子の少ない理系クラスを選択した。そうした動機で理系を選択したためか, 高校2年の2学期には, 物理や化学, 数Ⅲ, 数Cなどが負担になり, あと1年こんな大変な生活は送れないと思いはじめた。新クラスでも友だちの会話に交われず, さらに理系選択の後悔も大きくなり, ハナコは「文系の人たちの進路の話も聞いてみたいと思い, 文系のクラスへウロウロ行くようになった。そのため, 理系クラスの友人たちとの関係も崩れ, 結果的に自分が一人になった。自分はそれでいいと思っていたが, やはりぎくしゃくして辛くなった。次第に落ち込み, 心療内科を受診し, うつ病との診断を受け, 抗うつ剤, 不安や緊張をとる薬を飲みはじめた。少しは楽になったかもしれないが, 学校でもふらふらしたり, 薬のせいか眠くて辛く, 発表のために教室の前に出たときに倒れたこともある。ほんとうにうつ病なのかどうか知りたい。薬だけに頼らず治したい」とCoを訪れた。

次第にハナコは「理系を選んだのに文系クラスの友だちとしか交われないのは自分の心の弱さ, 現実逃避なのかもしれない。対人関係の問題を回避して, 自分の居場所だけを変えれば解決すると考えていた」などと語りはじめた。ハナコは自分の問題の背景や要因を振り返りながら, 青年期特有の心の振れを回復していった。

初回面接で施行したバウムテスト, 3回目面接で実施したKFDとKSDからも, ハナコのエネルギーが感じられた。次第に自信を回復し薬の処方を医師と相談しながら, 2か月ほどで投薬もなくなった。また, Coと教員とのコンサルテーションを実施し, ハナコの言動やその心理的背景の理解がはかられた。球技大会などではバスケットで連携プレーに励むハナコを,「先生たちが拍手で応援し, 先生の気持ちがうれしかった」と話した。高校が2年から3年への文理コースの変更を認めないルールのため, ハナコは理系コースの中で可能な範囲の進路選択を再考していきたいと現実的な方策をうちだした。ハナコの言動の安定にともない, 周囲の友人関係も徐々に改善し, ほとんどの症状は軽減し, 3か月計9回の比較的短期面接で終了した。

ハナコの描いたバウムテスト, KFD, KSDを以下に示し, 解釈する。

## 描画アセスメント

### ① バウムテスト

まず，その形態や質の高い描画から，適応の意欲や標準あるいはそれ以上の知的水準や人格水準が推察される。しかし，左への傾向から，内向性や自己の内的世界に生きようとする傾向がみられる。とくに幹に引かれた描線が細くて濃いストロークが短いことや，その幹の細さなどから，多少不安，抑うつ傾向があって萎縮がみられる。また，果実だけ強い筆圧で黒く描かれており，自分の能力を誇示したい気持ちはあるが，現実場面でそれが十分表出できないことが推察される。対人関係がうまくいかず学習もうまくいかないと，自分自身の能力の発揮できないことを説明しようとしている初期のハナコが投影されているようだが，全体的には安定的な木の描写である。

### ② KFD

食事という家族団らん場面であるが，両親像は正面，自己像は横顔であるが，姉像をただ一人背面で描いており，自分より優秀な姉に対する競争心や特別な感情を示唆している。また描画順位は最初に自己像を描き，最後に姉像を描いており，家族内で認められたい自分と，姉への競争的感情の投影とも思われる。しかし，姉像のほうに自己像の顔が向けられ，姉へのライバル心と同時に目標や理想の存在としての姉への関心や葛藤もうかがえる。人物像の表情も比較的穏やかな団らん場面であり，家族の心の交流がみられるが，父親像の右側に置かれた大きな鉢植えが，ハナコの内面の複雑さや抑うつ感，本質から少し目をそらそうとする慎重さを思わせる。タッチやエネルギーや表現スタイルや内容からみて，ハナコの病理性はほぼ否定され，「できるだけカウンセリングで元気になりたい」というハナコの希望に沿った方針の見立てのアセスメントの一つとして参考となった。

① バウムテスト

② KFD

③ KSD

「おしゃべりをしているところ」とハナコは説明したが，先生像と自己像と友だち像とには相互交流がみられず，会話している様子もみられない。先生像はチョークを持って黒板の前に正面向きに立ち，ほぼ全身の描かれた自己像は半円形のアーケード型の輪郭で包囲されている。友だち像は顔だけが描かれ，円で包囲されている。顔だけの友だち像に対し，自己像は大きくほぼ全身を描き，ハナコの自己主張の表れともみられるが，自己像と友だち像をそれぞれ包囲しているところは，友人関係に困難を感じているハナコの投影でもある。

描画順位は，最初に先生像を描き，次に友だち像，最後に自己像を描いた。家族では一番に描いた自己像を学校場面では最後に描いたハナコの，学校での自信のなさや自己否定感がうかがわれる。人物像も大きく紙面いっぱいに大きく描かれ，全体としてエネルギーの感じられる描写であり，KFD同様のハナコの病理水準のアセスメントの一つとして参考となった。

③ KSD

Part 1 アセスメントの一手法としての描画法

アセスメント事例23

# 不登校を抱えられない家族からのアキオの自立支援（高校生）

## 事例の概要

家族構成：父，母，アキオ（高校1年生），弟（中学3年生），妹（小学3年生）

主訴：対人恐怖，うつ傾向，不登校

相談の経緯：

アキオは幼少期より内向的な性格で，友だちはできにくいが，特定の2～3名とは交流ができた。中学1年で，いじめにあい，不登校になった。サッカー部に1年の途中で行かなくなり退部した。中学3年の半ばから無理矢理登校してなんとか高校に合格した。高校1年は休みがちながらも登校し2年に進級した。友だちはいないが，ブラスバンド部でフルート演奏に励む。高校2年の1学期途中から欠席がちになり，夏休み明け始業式の日に，家でのトラブルで登校できなくなる。いざ登校しようとすると自分の学生証がなく，家中の誰に聞いても知らないと言う。このままでは登校できないと必死に探し，弟（中3）のかばんを開けてみると入っていた。弟を問い詰めたが知らないという。さらに追及すると，兄の鞄から盗んだ学生証を使って，ゲームセンターで遊んだと言う。それでも家族は誰も知らん顔だった。ショックを受けたアキオはこの日登校できず，それから家で引きこもり全く登校しなくなった。担任の教員は日頃からアキオの気持ちを大事にする人で，この担任の勧めで，10月半ばにアキオが来談した。

面接でアキオは，弟への不信も強いが，家中が知らん顔をし続けたこと，アキオが大げさだとむしろ責められたこと，いまだにこの事件に向き合ってくれないことに失望したと話す。対人不信や対人恐怖を強く訴える。人は信じられないし，人は怖いから誰も友だちがいなくても平気と話す。学校で人が信じられなくなったのは，中学でひどいいじめにあってからで，思い出したくない辛い日々だった。このとき以来，一人でいるのが一番安心と思うようになった。結局，学生証事件以来，不登校宣言をして，高校2年の最後まで全欠するが，通信制高校への転校を希望する。さらに，アキオは，どうしても家を出たいと言う。父親の仕事が不景気で経営が悪く，経済的に厳しいうえに，きょうだい三人の学費もあるため，働きながらでも一部屋借りたいと話すが，幼少期からきつい喘息があり，それも断念する。Coから県内の不登校支援施設を紹介する。月曜午後から金曜昼までは学園での宿泊生活となるが，通信制高校にも通え，高校の学習支援も学園で受けることができる。アキオは是非とも入園したいと，見学日にも積極的に参加し，受験書類が発表されるとすぐに書類記入して受験準備を完成させる。志望理由のところに，Coとの出会いがいかに自分を前向きにさせてくれたか，希望を与えてくれたか，など書いている。アキオは自分で進路を切り開き自己決定していった。反対していた父親も折れ，学園にも通信制高校にも合格した。その後学園生活への適応にも苦労したが，高校卒業し福祉系専門学校に進学した。カウンセリングは学園入園後はいったん終了し，学期に1回程度のフォローアップとした。

5回目面接でバウムテストを施行し，数分で描きあげた。8回目面接でKFDとKSDに誘い，かなり考え込んだ後40分で描いた。以下にその描画とそれぞれの解釈を示す。

## 描画アセスメント

### ① バウムテスト

　この樹木の特徴は，樹木のサイズが小さめであること，地平線が描かれておらず樹木が浮遊していること，幹の基部がやや広いこと，冠部がアーケード型であること，葉が描かれていないこと，枝が描かれていないことなどである。用紙の中央に小さく描かれた木からは，抑うつ感や，アキオの自信のなさや自己防衛がうかがわれる。幹に引かれた縦線の渇筆からは自己統制や，一方では外界との接触意欲が多少みてとれる。アーケード型の冠部からは，環境を意識した態度が，地平線の欠如からは精神発達が多少未熟で，洞察力や社会性を欠くところが推察される。幹の基部がやや広いことや葉の欠如は，抑制的で快活のなさの投影ともみられる。

### ② KFD

　小さく描かれた顔のない人物像が特徴的である。小さな人物像からは，家庭で抑うつ的なアキオの姿が，すべての人物像に顔が描かれていないことからは，家族全員へのアキオの否定感がうかがえる。自己像を最初に描き，弟像，妹像，母親像，父親像の順に描いた。家族間で孤立しがちなアキオが自分を最初に描き，もっとも反発している父親を最後に描いたところに，アキオの葛藤がうかがえる。母親は「後ろを向いているところ」と説明し，背面である。きょうだいや家族の問題についてのアキオの訴えにいつも耳を塞ぎ，父からの叱責にもアキオを守りきれなかった母親の逃避した姿が描かれているようでもある。人物像の位置は上部から，父，母，自分，弟，妹，と年齢順に描かれている。父は「怒っている」と言い，アキオに対して理解がなく，気弱なアキオに頭ごなしに叱りつける権威的な父親が描かれている。弟はギターを弾き，妹は寝ているところであり，家族成員の個々にばらばらの行為からは，家族間の相互交流はみられない。弟だけがギターという道具を持ち，他の家族は誰も何も持たないことからは，アキオにとって脅威的な存在の弟への特別な感情がうかがわれる。

　　① バウムテスト 　　　　　　② KFD

### ③ KSD

まず印象的なのは，学校の校舎に圧迫されそうな小さな人物像である。学校での生活場面や対人交流場面ではなく，校舎全体が学校として描かれ，物質性の高い描写である。左に傾いた校舎からはアキオの不安定感や過去への執着がうかがわれる。描写位置は上部から，先生像，友だち像，自己像であり，学校場面でのアキオの自信のなさや希薄な存在感がうかがわれる。描画順位は，自己像，友だち像，先生像の順で描かれた。自己否定的な顔のない人物像であるが，自分を最初に描き，学校内での自己存在感を主張している姿とも思われ，学校に対するアンビバレントなアキオの感情が推測される。すべての人物像について，立っているところと説明し，人物間の心の交流はみられない。とくに先生だけは校舎内に閉じ込めて描かれ，先生に対する防衛的な描写ともみられる。KFD同様に，顔のない人物像が描かれ，人物全員への否定感や家族への拒否感がうかがわれる。

③ KSD

## アセスメント事例24

# 火災から悪夢や恐怖を訴え不登校になったアンナ（高校生）

**事例の概要**

家族構成：父，母，アンナ（高校1年生），妹（小学6年生）

主訴：不登校

相談の経緯：

アンナは，夜中に発生した自宅マンションの隣家の火災に遭遇した。自宅は延焼を免れた。もともと断続的な不登校傾向であったが，火災後しばらくした頃から「怖い夢を見る」と言って学校を休みはじめた。その1か月後，不登校を主訴にCoに母子で来談した。

母子で来談したアンナは，うつむいたまま座っている。Coからの問いかけに，かすかだが人懐っこい声で応答する。1日絵を描いたり本を読んで過ごしているというので，絵を描くよう誘ってみたら，バウムテストをさらりと描いた。次回面接でKFD，KSDの2枚の絵を描いた。絵を描くのが好きと話した。家族はアンナの他に，頑固でワンマンな父親と，神経質で几帳面な母親，それに自己主張の強い妹との四人家族である。父親は，外向的で交友関係も広く，大雑把な性格である。それに対して母親は，1日に玄関を何回も掃除するほどのきれい好きで几帳面な性格である。また，妹は何事にも我慢がなく，欲しいものやしたいことは，なんでも自己主張する性格である。

初回面接の後は週に1回のペースで，母子並行面接を行った。アンナは次第に自ら話すようになり「お母さんに言ってほしいことがある。家でパジャマでもいさせてほしい」と言う。Coから母親に伝えると，「えっ，先生そのようなこと……」と驚いた応答であった。Coから母親に〈アンナは家族の中で今まで自己主張することなく，ほとんどのことを我慢してきた。ここにきて，アンナが初めて心の叫びを母に向けている。母の決めたルールや常識への初めての抵抗でもある。ここでアンナの内面の叫びを受けとめることこそ，アンナを受け入れることにつながる〉など助言した。次第に母親は「今までそのようなこと考えたこともありませんでした。これからはアンナの気持ちを理解したいと思う」と話した。アンナは数回の面接を通して次々と，今まで母親に言えなかった願いをCoから伝えてほしいと言った。たとえば「私は温泉が大嫌いなのに，アトピーによいと祖父母から無理矢理に温泉に誘われる。断ると，お父さんまで『なぜ行かないのだ』と責める。祖父母に無理強いしないでほしい」と話した。次第にCoに伝達を依頼しないで，母親に直接自分の気持ちを伝えるようになり「家にテレビが1台あるが，普段父親や妹が番組の決定権をもっていて，自分の好きな番組が見られない。たまに一人だけで見ようとしても息を殺してひっそり見る。誰かが入ってきたら番組は変えられる。たまには自由にテレビが見たい」と話した。アンナの気持ちや願いを両親が徐々に受容理解し，姉妹関係にも両親が具体的にCoと相談しながら対処し，家庭内での緊張状態は徐々に改善された。アンナは不思議な夢は相変わらずよく見るが，悪夢を見ることはなくなり，登校を再開し，進級判定にも見通しがたち，カウンセリングは終了した。

初回面接で施行したバウムテストと2回目で描いたKFDとKSDとその解釈を以下に示す。

## 描画アセスメント

### ① バウムテスト

迷わずにやしの木を描き,「この木が好き」と話した。小さな樹冠や長い幹が自然の姿であるやしの木では,一概に情緒の支配性や未熟性の指標とは解釈しない。また,のどかなやしの木は,安らぎたい関心を示唆するとの見方もある。さらに,多くの描画の臨床的読み取りでは,やしの木を描く人は,「接近－回避」に悩んでいるとされる。このような人は,スリルを求めるが,新しい経験や慣れない人に直面すると防衛的になる。しばしば自分はインスピレーションを受けることができると感じている。また,心霊的な状況との接触を積極的に求めたり,それを作り上げようとする試みともされる。アンナは「毎晩のように不思議な夢を見る」と語った。

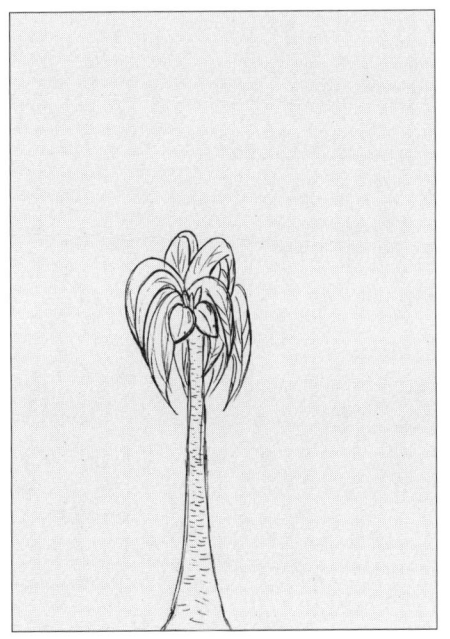

### ② KFD

紙面のほぼ中央部に極端に小さな人物像が描かれている。家族内でのアンナの自己存在感の希薄さや緊張や不安,防衛が推察される。アンナにとって家の中でもっとも緊張する場面であるテレビを見ているところで,そのテレビがもっとも大きく描かれている。小さな自己像からは,自己否定的で自信のない姿,棒人間からはその防衛がうかがわれる。最初に妹像,次に自己像を描いた。妹像と自己像はテレビを見ている。その妹像と自己像は背面で並び,葛藤的な姉妹関係が示唆されている。それをボーっと見ている父親像と台所に行こうとしてその場を離れようとする母親像からは,姉妹関係に傍観的で回避的な両親が推察される。父母像は自己像や妹像よりも一層小さい棒人間で描かれ,顔は描かれていない。アンナの家族への否定的な回避感情が示唆されている。

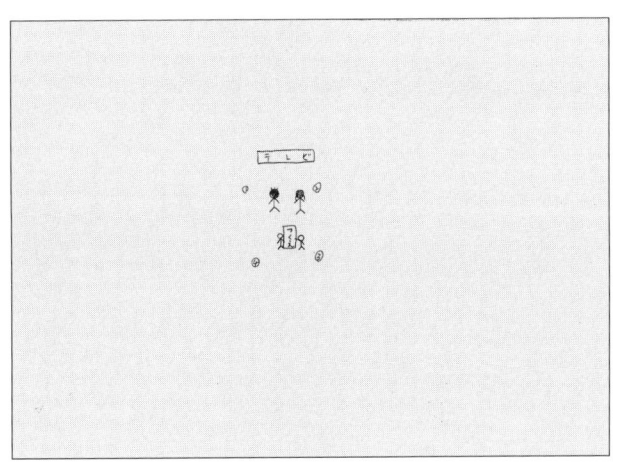

① バウムテスト

② KFD

③ KSD

　KFDと同様に，紙面中央部に極端に小さな棒状の人物像が描かれている。学校場面でのアンナの自己存在感の希薄さや緊張や不安，防衛が推察される。KFDとは違い，その人物像に顔が描かれている。描画順位は先生像，友だち三人の像，最後に自己像を描いた。話している先生像，笑っている友だち像，それを見て笑っている友だち像，話している友だち像，自己像はそれを笑いながら聞いていると説明した。アンナの学校での消極的で控えめな立場がうかがわれる。人物同志が会話をしている場面であり家族場面よりは人物間の相互交流がみられ，小さな棒人間の表情は皆，明るい。アンナの不登校は，家族要因としての家族間での緊張状態や，希薄な自己存在感などが，火災という恐怖体験をきかっけに，浮き彫りになったものとも推察された。

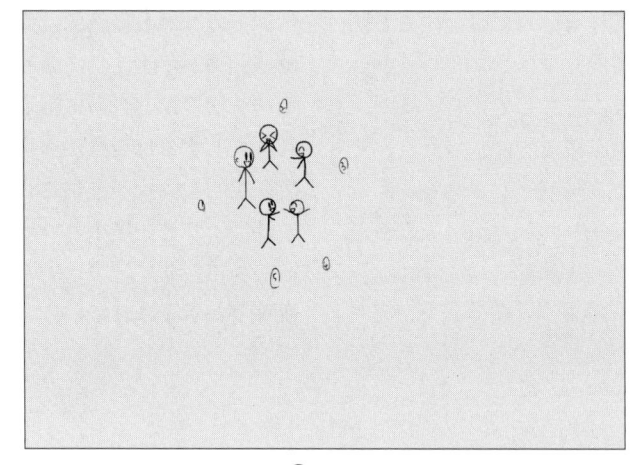

③ KSD

Part 1　アセスメントの一手法としての描画法

アセスメント事例25

# あと1時間欠席で留年の危機に立ったシノブ（高校生）

## 事例の概要

**家族構成**：祖父，祖母，父，母，シノブ（高校2年生），弟（中学1年生）

**主訴**：不登校

**相談の経緯**：

高校入学以来，シノブは不登校傾向が続き，1年時は出席時数ぎりぎりで2年に進級した。2年時も断続欠席が続き，6月の期末テストを受けに登校した後，3週間連続して欠席した。あと1時間欠席で単位認定の欠席時数が超過する科目が生じ，母親がCoに来談した。

初回面接で母親は次のように語る。シノブは，幼少期から内向的で友人は少なかった。中学では生理痛がひどく，毎月1〜2日欠席した。高校入学後もひどい生理痛が続き，病院受診したところ成長不全と言われ，ビタミン剤と痛み止めが処方された。しかしシノブは薬をいやがり，痛み止めも飲まない。不登校のきっかけは，部活を休みがちで顧問から注意を受け人間性まで傷つけられたこと，成績が下がって職員室に呼ばれたことなどである。頭痛や背骨痛も訴える。今回休みはじめて3日目に無理矢理ひっぱって登校させようとすると，トイレに閉じこもって鍵をかけた。最近，シノブは「学校はずっと嫌い。でも休みすぎた，ちょっと休息しただけ」と言っている。肥満傾向があり，運動は苦手で，水泳やマラソンが苦痛で，人前で水着になれない。今回も水泳が始まった頃から休みはじめた。高校1年の耐寒マラソンの頃もよく休み，この頃から頭痛がひどくなった。登校を渋った日でも，いざ登校して帰宅するとうれしそうにしているときもある。絵や工作が好きで美術部に所属している。来年は，7年間単身赴任していた父親が帰ってくる。弟は天真爛漫でシノブとは時々遊ぶ。父親はシノブに辛らつなことを言う。自分には自分のやり方があると家族の意見を聞かない。

Coからは，父親がシノブを理解できるように母親からの働きかけなどを助言し，頑固な父親もシノブのことをしばらく見守ると言った。

3回目の面接からシノブも来談し「今はこの学校で卒業したい，補充受けてでもがんばって卒業したい」「進路は，芸術系に進みたい。切羽詰まった科目は必ず出席する」と話す。Coから，選択肢はいろいろある，その時その時にベストを尽くしてみればいいと話す。シノブは初回面接以降休まず登校を続ける。しばらくは状況を見守りながら，生理痛や頭痛にはかかりつけの近所の医院も受診しつつカウンセリングと並行していくこととする。次第にシノブは将来を語りはじめ，目標の大学も見つかり，このまま卒業したいと話す。入試対策としてデッサンの勉強に受験対策をしてくれるアトリエに通いはじめる。大学での奨学金のこともCoに相談する。単位取得を最優先にしながら環境調整する。欠席のきっかけの一つになった体育やマラソンは，近医の診断書を提出して見学することになり，シノブはこのことでずいぶん気持ちが楽になったと話す。朝食も食べて自分の健康管理にも気づかうようになったが，生理痛はひどい。生理痛で体育を見学さえできないときは，保健室を利用できるように調整する。「アトリエが楽しい，大学で芸術学びたい」と話す。冬休みの補充も休まずに出席し，1月か

らの登校も続く。夫婦げんかが絶えず，シノブにも影響していると母親は話す。父親が単身赴任から帰宅するのは，実は転勤ではなく病気退職することを母親はCoに打ち明ける。そのことをまだシノブには話していない。父親はその後も病気のため障害が残り仕事はできない。Coより，親子が不安を抱えたまま過ごすよりはタイミングをみてシノブにも話していくことを母親に助言する。

「生理になりそうなので春の修学旅行は無理だと思う，マラソン大会も難しい」とシノブは話す。クラスでは孤立ぎみである。頭痛，生理痛，喘息のことなど，修学旅行やマラソン大会についてCoは学校と連携する。

出席をクリアして，3年生に無事進級した。クラス替えの際，Coから学校に，メンバーへの配慮を相談し「3年はたくさん友だちがいる。2年のときは一人ぽっちだったので辛かった」とシノブは喜ぶ。4月に父が退職して帰宅し，少しずつ落ち着いている。登校だけでも精一杯のシノブが，放課後アトリエに行くのを楽しみにする。アトリエは自分の進路や将来に直結するものとして自己実現の象徴的な存在となる。結局修学旅行に参加したが，しぶしぶ出かけた修学旅行から帰宅後はしばらく荒れた。大声で「誰が行けと言ったのよ」と母親に気持ちをぶつけてからは落ち着き，それまでよりも明るくなった。しばらくして「結局行けて良かったと思う」と母親に言った。相変わらず夫婦げんかが絶えないが，シノブは最近「私の前ではやめて」と言えるようになった。母親は「まだ安心はできないが，シノブなりによくがんばっている」と語る。父親の身体的障害で，母親は市役所にも相談したがすぐには仕事もない，父親は障害を受け入れ難く，精神的にも不安定である。父親はシノブの弱さを非難する。Coから母親に，やがて父親の出番もある，今しばらくは父親からシノブへの直接的言動は控え，当面は温かく見守って行く方向を助言する。

補充のレポートも完了し，先が見えてきたとシノブは久々に明るい表情で話す。高校3年になってからは，風邪などで2〜3日休んだほかは登校する。生理痛や頭痛も軽減している。学校まで車で母親が送る日も少なくなり，自力登校できるようになる。「3年はマラソンとプールがなくなったので救われる，体育は球技が選択でき久々に実技に参加できてうれしい」と話す。「担任の先生が個人面接を職員室でするので，自分は何も話せない。学費免除のことをクラスの前で話されたのでいやだった」と話す。6月の面接で，母親から父親が美大受験に反対しているが，母親はシノブのやりたいことをさせてやりたいと話す。父親の病気が進行し，数回の手術のかいなく悪化し，奨学資金を申請する。夏休みに，美大のデザイン系受験を決める，推薦入試を考えたが欠席日数の条件があり，一般入試にする。志望大学も決まり，実技対策に意欲的にアトリエに続けて通う。2学期が始まり，「今は将来が見えてきたので，登校もできそう」と話す。奨学金も決まり，進路についての環境調整もすすむ。9月，体育祭と文化祭も，体力的にたいへんだったが参加できた。「生理痛でいらいらすることもあるが，結構がんばれる」。受験について，父親は近隣の短大へと，シノブは美大希望で対立していたが，父親とも意見を交換できた。カウンセリングで，じっくり自分の気持ちを確認しながら家族とのコミュニケーションをはかり，自己決定していくことを支える。秋には，進路も大詰めにきて，緊張感の高い生活だが，学校生活に適応する。

2月に，第一志望の大学は受験に失敗したが，第二志望の大学に合格し，念願のグラフィックデザインのコースに進路決定する。奨学金も決まり，経済的にも見通しがつく。母子とも明るい表情でお礼を述べる。母親が当時のことを振り返り「先生に初めて相談に来たときには，あ

と1時間でアウトという科目もある状況だった。この子がこんなに早くがんばるようになってくれるとは想像もつきませんでした。私も夫も反省しないといけないことがあることに気づき，夫にも逃げずにこの子のことを話せるようになりました。お父さんも子どもの言い分を聞き，この子を責めるばかりではダメと気づき，家族が向き合えたことが大きかったと思います……」。そして，父親はまだ仕事に向けて取り組む意欲がみられないが，シノブの合格を喜んだ。シノブの面接は，高校2年の7月から高校3年の12月まで1年6か月実施された。初回面接でバウムテスト，3回目の面接でKFDとKSD，1年後の面接で再度バウムテストを実施した。ともに迷わず短時間で描いた。以下にその描画と解釈を示す。

**描画アセスメント**

① バウムテスト（カウンセリング初期）

このバウムテストの特徴は，幹の足元の縦の陰影のストロークで覆われた地面のラインと，非常に幅の広く太い幹である。幹の足元の縦の陰影で覆われた地面は恥ずかしさの指標ともみられるが，不つりあいに太い幹からは，成長し社会的機能を果たす自己というよりは，社会における体験の未熟さの代償としての表現であり，劣等感からくる自我肥大の投影ともみられる。幅の広い幹は，繊細で不安な筆跡で覆われており，傷つきやすさと心理的不安定を示唆している。さらに，感情の敏感性を表し，理性と感情の間の緊張関係がみてとれる。はっきりと鋭く内部に入っている半円形の輪郭が何重にも重ねられ，神経過敏性や，シノブのパーソナリティが，非常に感受性が強く，他者からみて些細なことも強く響く経験をもつことが示唆されている。

① バウムテスト（カウンセリング初期）

② KFD

　全体として人物像が大きく描かれエネルギーの感じられる描写であるが，家族全員が個々に別々の行為をしている。祖父像，祖母像，父親像，母親像，弟像，自己像と，自分以外の家族を年齢順に描き，最後に自己像を描いたのは家族からの孤立や心の交流の回避が示唆されている。音楽を聴いている祖母像は布団で包囲され，その祖母像と，ベッドで包囲された自己像が，父親像をはさんでいる。さらに，母親像も巧妙に弟像の布団により包囲され，寝ている弟像も布団で包囲されている。さらに包囲された母親像と弟像により，祖父像が他のメンバーから隔離されている。単身赴任の父親像は散歩をしている犬の鎖で手が縛られている。病気の悪化により身体障害をもった父親が，家族の力ではなく犬の力を借りて歩む姿のようでもあり，家族の抱える葛藤が示唆されている。シノブはベッドで包囲され，さらにテレビという障壁により父親とは隔離されている。父親に理解の得られないシノブの心情が表れているようでもある。

② KFD

③ KSD

　バレーボールのパスをしている場面である。ボール投げという攻撃的な行為で，パスの間にはネットは介されず，背面に描かれた自己像から友だち像に向けて直接ボールは投げ出されている。シノブの内面に抑圧された攻撃性がうかがえる。また，自己像，友だち像，先生像，友だち像の順で描かれ，KFD では自分を最後に描いたシノブが，学校場面では，最初に自己像を描いた。希薄な自己存在感と自己主張というアンビバレントな感情が示唆されている。全体として，大きな人物像が共通の行為をしており，エネルギーの高い活動的な描写であり，学校場面で適応できずに苦悩し自信喪失しているシノブの現状と矛盾する描写でもあり，シノブの苦悩が投影されている。

③ KSD

④ バウムテスト（カウンセリング後期）

初回同様に，幹の幅の広い太い木ではあるが，樹冠に対して幹が若干細くなり樹冠と幹の太さの違和感が減少しバランスがよくなった。シノブの社会における体験の未熟さや，劣等感からくる自我肥大が若干適応的に変化したとみてとれる。またその幹の覆われていた繊細で不安定な筆跡も減少し，神経過敏性や傷つきやすさや心理的不安定の軽減や，理性と感情の間の緊張関係の軽減が示唆される。半円形のアーケード型の樹冠の輪郭も二重の重ね描きになり，前回のような樹冠全体に何重にも重ねて描かれたアーケードは減少した。幹の強調がみられ，日々の生活に対する不安が，葉がなく閉じた樹冠からは感情表現の困難さがうかがえる。前回のバウムテストでは真っ黒に描かれた小さな実が，大きなりんごの実に成長し，シノブの将来への希望が推察される。

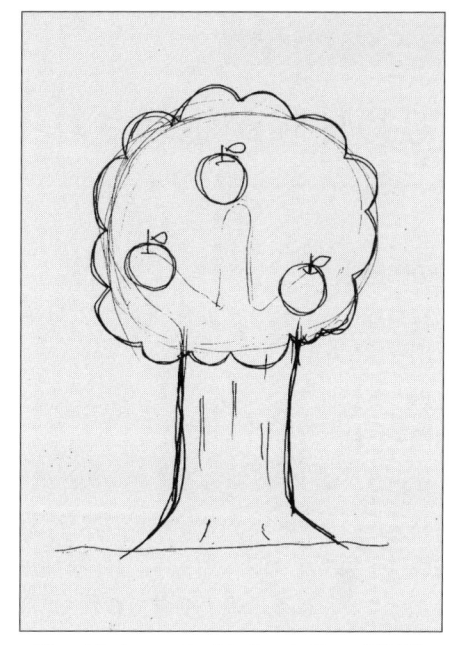

④ バウムテスト（カウンセリング後期）

アセスメント事例26

# いじめ体験が想起され不登校になったミサキ（大学生）

**事例の概要**

家族構成：父，母，ミサキ（大学1年生），弟（小学5年生）

主訴：不登校

相談の経緯：

ミサキは，幼少時2歳のときに両親が離婚し，母親は父親の手元にミサキを残して家を出た。その後，ミサキが4歳のときに，父親は再婚し，そのままミサキは義母の手で育てられた。義母はミサキをかわいがったが，3年後に弟が生まれた。その後義母が弟に手がかかるようになり，ミサキはできるだけ親に頼らない子に育った。ミサキは大学入学後，朝起きられないことや，対人恐怖や対人不信に悩まされ，次第に学校を欠席しがちになり，7月にはほとんど不登校になった。その際，幻覚や幻聴様の症状を訴えて心療内科を受診したところ，統合失調症の疑いがあると言われたが納得できず，大学の学生相談室にてCoに来談した。

主訴は，対人恐怖や被害感が強くて登校できないことであるが，病気かどうか教えてほしいとも訴えた。ミサキは大学入学後登校できなくなったいきさつを語った。ミサキは，午後から登校するタイプの高校に3年間通っていたためか，大学入学当初から朝起きることができず，1限目にある語学の授業はすでに欠席オーバーになっていた。しかし，それにはもう一つの理由があった。同じ大学の他学科に知人のフユナが入学しており，入学まもなく校内で出会いミサキは驚いた。フユナは中学時代にミサキがいじめられたグループの中心人物の友人だった。フユナはいじめ加害者ではなかったが，ミサキにとっては過去の記憶が蘇り，そのことが脳裏から離れなくなった。対人関係が苦手で，一人で行動することには慣れていたが，自分の過去を知る人物，しかも自分をいじめた側とつながる人物との出会いがミサキの過去の傷つき体験にふれ，情緒の不安をきたし，ついには登校できないばかりか，過去の出来事が繰り返し想起し，幻覚や幻聴に似た症状として自覚された。その訴えが，統合失調症かもしれないという医師の見立てにもつながったものと考えられた。

初回面接でのミサキの第一印象は，病理性はさほど感じられなかったが，情緒はかなり混乱していた。バウムテストを実施した。大学入学後の経過および，それまでのいきさつをミサキは，一気に話した。ミサキの通った中学校は都会の中心部にあり，校内は荒れていた。ミサキは2年生になった頃から，活発な女子グループとそりがあわなくなり，いじめられるようになった。最初は，ミサキが嘘つきだとか，不潔だとか，そういった根拠のない噂を流されたりしていたが，そのうちにあからさまに無視されるようになった。グループは学級で中心的な存在であり，ミサキはとくに頼れる友だちもなく，学級で孤立していった。ミサキは断続的に学校を休むようになったが，両親にもほとんど相談することなく，担任も子どもたちのことに無頓着なタイプで，ミサキは結局誰にも相談はできずに3年に進級した。そのため，友人関係等の配慮もなく，3年生のクラスにはいじめグループのメンバーが何人かいた。もともと学力的には平均よりも上位のミサキだったが，次第に勉強が手につかなくなり，3年生では，ほとんど

登校できず不登校となり，そのまま進路決定することとなった。不登校生を受け入れる全日制高校もあったが，自分には昼から登校するタイプの高校が向いていると考えて，昼間2部制の単位制高校に進学した。高校は午後1時から登校するタイプで，登校の仕組みも無理なく，気の合う優しい友人もでき，ほとんど欠席もなく登校し，勉強にも積極的に取り組み，大学進学した。

学生相談室に来談したときにはすでに必修科目のほとんどは欠席オーバーで，初回面接時，ミサキは退学を決めていた。しかし「負け犬になりたくない」と言い，もう一度やり直したいとも話した。2回目面接で，ミサキはカウンセラーになりたいと大学に入学したが，もう一つの夢だった小学校の先生になりたいと話した。再度四年制大学に行くには親に学費の迷惑をかけることへの不安や，これを機にできたら親元を離れて寮生活をしたいとも語った。数回の面接を経て，ミサキの病気を疑った症状もほとんど消失していた。寮のある短期大学の初等教育学科で，寮費の安い大学が見つかり，受験し合格した。その後 Co の元には，集団生活を心配したが，寮生活にもなじみ，元気に短大に通っているというミサキからの報告が届いた。

初回面接でバウムテストを施行した，その絵と解釈を以下に示す。

### 描画アセスメント

① バウムテスト

黒く塗りつぶされた幹と根からは，ミサキの不安や情緒の未熟性が表現されている。その強調された陰影からは，ミサキの敵意のある防衛もうかがわれる。葉のない枝からは，対人接触の困難さが示唆される。さらに，幹に描かれた3個のウロは，ミサキの外傷体験を表しているようでもある。19歳のミサキの描いた木の，2歳，4歳，13〜14歳頃と推定されるウロの位置は，両親の離婚した2歳時，再婚し義母との生活の始まった4歳時，中学でいじめにあった13〜14歳の年齢とほぼ符合しているようでもある。切り株は，不十分な外界との交流の問題が切断面によって強調されており，欲動の出発点ともなろうか。この木の右方向に一つついた実や，上方の右の枝が強くなっている（伸びている）ことから，この描画は肯定的な転向点を示唆しているのではないかと推察され，かろうじての将来への希望のようでもあった。実際，ミサキはこの絵を描いた後，積極的に自分探しをし，進路変更して，再出発していった。

① バウムテスト

### アセスメント事例27

# 中学でのいじめ体験から短大に通えなくなったシズカ（大学生）

### 事例の概要

　家族構成：父，母，シズカ（短大1年生），弟（中学2年生）

　主訴：不登校，うつ状態

　相談の経緯：

　短大生のシズカは，抑うつ状態が続き受診した心療内科の勧めで，Coに来談した。シズカは短大入学後まもなく，自分が一般受験をせずに推薦入学し，自分の実力を発揮しないで進路をとったと後悔し不登校になった。休み出したきっかけは，小・中学校の同級生P子と，偶然大学の同じクラスになり再会し，P子から「シズカならもっといい大学に行けたのに，どうして私たちのような劣等生と同じところに入学したの」と言われたことであった。シズカの話では，P子は中学の頃は不良タイプで，シズカは当時P子にいじめられていた。卒業後は違う高校に進学してほっとしたが，同じ電車に乗ることからP子に出会うことを恐れ，乗車時間をずらして通学した。それが，短大入学後同じクラスになるという偶然の出会いから，過去の自分の問題に再び直面することになった。面接当初は「退学する」の一点張りだったシズカは，次第に予備校に通って再受験したいと希望するようになった。「ほんとうは四年生大学で法律の勉強がしたかったのに受験から逃避してしまった」「やり直さなければもっと後悔する」と話した。青年期特有の理想自己が膨大化した姿とも考えられたが，その対人緊張の強さや抑うつ状態からも，自分探しを始めたシズカを今ここで支援することが必要と判断し，心のケアとともに進路変更を支援した。

　母親はシズカの悩みを聞きおろおろするばかりだった。父親は，家庭は母親任せの仕事人間で，これまでシズカの悩みを聞くことはなかった。両親とも再受験には反対したが，母親は，これまで何事も父親には話さなかったシズカが，やり直したいという強い意志を父親に伝えたことから，次第にその思いを受け入れはじめた。また，シズカは，自分の進路変更の意志をクラスの友人Q子に話していくなかで，「精神的にもQ子に最後まで支えられたことが，自分にとってかけがえのない力になった。もう一度友だちを信じてみようという気持ちになった。いじめられた過去と決別することができるような気がする」と話した。

　休学し，夏休み前から予備校に通いはじめたシズカには，受験勉強の不安や，対人恐怖を語り，涙することもあったが，受験の意志を固め短大を退学した。翌春にはめざした四年制大学の法学部に入学した。入学後は対人緊張も軽減し，抑うつ状態も改善し，大学生活に適応していった。シズカは，偶然の巡り合わせをきっかけに，過去に解決せずに抱えてきた問題が明確化し不登校になったが，その際の友人の支えにより対人不信が軽減し，カウンセリングを通して自己認知の変容や対人関係の構えを見直しながら進路変更というかたちで再出発を果たすことができた。

　カウンセリング開始2か月にバウムテストを施行し，さらにKFDとKSDを描いた。以下にその描画と解釈を示す。

## 描画アセスメント

### ① バウムテスト

描画後シズカは「古い木でもうすぐ枯れるかもしれない。1本だけぽつんと立っている」と語った。

木は上方に位置し，根づきは認められず，1本線で地面から分けられている。樹冠は，枝の散在を強調するように小刻みに枝先の尖ったかたちに描かれている。これは，攻撃やストレスの負荷にはほとんど抵抗ないことが予想される。しかし，それを補うように，樹冠のまわりを四重線が取り囲み，シズカの防衛の強さがうかがわれる。二つの黒い実は選択しようとしている二つの進路とその不安のようである。樹冠の複雑な四重線は，将来についての悩みや，情緒的な混乱のしやすさや神経質なところを示唆している。大きな樹冠は，シズカが，情緒よりも精神的な部分にエネルギーを費やしているようでもある。かろうじて安定性が示されているように思われ，シズカの進路変更の支援を継続した。

### ② KFD

父親像は背面で描かれ，家族ともっとも交流の希薄な父親への否定感や拒否感がうかがわれる。また，日頃から父親の愛情を独占していると感じている弟像が父親像側に同じ向きの背面で描かれており，弟への否定感や父親と弟の関係への特別な感情が示唆されている。自己像と母親像とは同じ敷物により一緒に包囲されており，自分ともっとも密着している母親との同一視がうかがわれる。木々の表現や空の雲や太陽の描写は，未熟で幼児性の表現であるが，全体的な印象として暖かさが感じられる。

① バウムテスト

② KFD

③ KSD

　先生像を最初に描き「授業をしているところ」と話した。その先生像とは離れたところに学生像を描いた。「お茶している」という説明であるが，自己像は描かれていない。先生一人が授業場面で，学生たちは休憩中という，別々の行為である。お茶をしているという団らんの場面ではあるが，その中にシズカ自身は描かれないところに，孤立感や他者との交流を避けているシズカの心情がうかがわれる。しかし，お茶を飲むという生理的欲求を満たす場面であることに，シズカの愛情欲求あるいは他者との心の交流を求める姿との見方もでき，今後の対人交流に肯定的な表現ともみられる。進路変更というシズカの希望を継続して支援していく方針の見立ての一つのアセスメントとして参考になった。

③ KSD

アセスメント事例28

# 対人関係が苦手な自分に合う進路に変更したモエ（大学生）

**事例の概要**

家族構成：祖父，祖母，父（兼業農家），母，兄（大学生），モエ（短大生）

主訴：不登校（大学を辞めたい）

相談の経緯：

モエは，短大入学後まもなく「大学を辞めたい」とCoに来談した。「私は人との関係が苦手，中学や高校でも友だちはいなかった。本当の友だちなどできたことはない」「大学に入ったら高校とは違って人間関係が薄くて乗り切れると思っていたのに，やっぱりクラスがあって，何人かのグループができている。自分はどのグループにも入れないから独りぼっち，もう大学は辞めたい，授業には出られない」と訴えた。

モエの実家は田園地帯の地方都市で，父方祖父母と同居の母親は世間体を重んじ，モエの気持ちは聞いてくれず，何事も押しつけてくるため，高校生の頃から母子間の会話はほとんどない。父親は絶対的な存在で，母親は父親に服従的である。兄は両親の期待に沿い活発で成績もよく，モエはなにかと両親から兄と比較される。母親は，モエの短大生活への苦悩を認めない。モエは「自分の気持ちは家族の誰にもわかってもらえない。自分も家族の気持ちをわかろうとは思わない」と訴えた。Coからの一度母親に気持ちを話してみることはできないかという問いかけにも，「母が何を考えているかわからない。私のことが嫌い。母には言えない。母に話すくらいなら死んだほうがまし」と訴えた。これまでのモエの幼少期からの家族関係や友人関係などを振り返りながら，カウンセリングを通してモエの感情の意識化がすすみ，自己の明確化がはかられた。「私は大学に入ってからも一人で行動していた。それを変な目で見たりコソコソ言われた。食堂に一人いたら『また来た，うざい』『来るな』と言われたこともある。怖くて大学に行けなくなった。その人たちが授業に来るかもしれないと思うと授業に入れなくなった」。

面接を通してモエは中学・高校でも不登校歴のあることなどがわかった。「先生（Co）といっしょに自分のことよく考えた。人との関係が苦手なことはすぐには変わらないから，そんな自分でもできる生き方を探したい」と話した。自分探しを始めたモエの「無理に短大で保育士の勉強を続けるよりも，自分の性格にあった生き方のできる資格を身につけたい」という気持ちを尊重し，進路変更を支援した。モエは「もう一度やり直したい。私は子どもと接するのは苦手。できるだけ人と接しない仕事がよい」と語り，半年の休学の後に退学し，コンピュータ専門学校に入学した。

その後は，対人関係の問題を抱えながらも「専門学校の生活を私なりに楽しんでいます」と報告があった。対人不信が強く不登校になったモエの自己の明確化と自己受容がすすみ，さらに母の日のプレゼントをしたり母子関係を改善しようとしはじめた。自分に合った生き方探しが自己実現につながった。

初回面接でバウムテストを施行し，4回目の面接でKFDとKSDを描いた。以下に，その描画と解釈を示す。

## 描画アセスメント

### ① バウムテスト

やや小さな木は、四辺に対し合理的な距離感がとられ、モエの周囲環境への配慮が感じられる。木は中央の軸からやや左に位置し、やや右側に傾いており、モエの内向的な人格が推察される。幹はやや右に傾き、周囲世界との関連が示唆される。それは、社会的な接触への自然な欲求よりも、情動的なものに根拠づけられているようだ。描画後モエは「硬い地面に立つ木、若くない」と話した。空間象徴的には木の先端に注目したい、樹冠の丸さは表現されず枝が上方に向かって突き破っている。これは価値観の志向性や真理の探究を表現している。木の根づきは認められず、しかも明確な一線で地面から分けられている。幹の表面はか細い途切れがちな筆跡で描かれており、枝の表面にもあてはまる。これによっても、社会での接触能力は問題を抱えていることが示唆される。樹冠の境界としての先端の尖った筒状の小枝は、攻撃されたり、ストレスの負荷がかかったときに、ほとんど抵抗がないことが予想される。

### ② KFD

愛情欲求の充足されない母親像を背面に描き、さらに、その母親像と自己像はお互いに背を向けている。ほとんど会話のない父親像の顔は横向きで描かれている。田植えという水の中につかる作業を描き、彼女の抑うつとの関連が推察される。劣等感をもち続けて育った対象の兄は唯一正面に描かれ、家族の中での評価の高さがうかがわれる。田植えを一緒にしているという家族が協力して一つの作業を行っている場面であるが、モエは「あまりしたくないんです。これは義務なので」と説明した。

① バウムテスト

② KFD

③ KSD

体育のテニス場面で，自己像は背面に描かれ，先生像と対面しており「先生に怒られているところ」と説明した。ラケットを握る先生像に対し，自己像は後ろに手を組んで立ち，先生への防衛や抵抗が示唆されている。一人だけ描かれた友だち像とはネットにより区分化され，その友だちはモエに背を向けてラケットを持ち上げている。人との交流のとれないモエの心象風景のようでもある。

③ KSD

### アセスメント事例29

# ピアノの適性に悩み，退学と就職を考えたサユリ（大学生）

## 事例の概要

家族構成：父，母，兄（会社員），姉（大学生），サユリ（大学生）

主訴：実技科目の単位がとれず大学を辞めたい

相談の経緯：

サユリは，大学3年生の4月末頃，バイト先から正社員として店長になってほしいと言われ，退学をしてこのバイトを本業にする気持ちが強まり，大学を休みがちになった。担任の教員が紹介し，Coに来談した。

サユリはもともと小さな頃からの夢だった幼稚園の先生になりたいと大学の幼児教育系の学科に入学したものの，放課後毎日のようにバイトに出るようになり，ピアノの練習が十分にできない日が続いた。ピアノは大学入学後初めて習いはじめたため，他の学生にだんだん追いつけなくなり，結局ピアノの単位を落としてしまった。科目担当の教員から「あなたはこれから先ピアノを修得するのが難しいのではないか。よほど練習しないと来年もう一度履修しても単位は出せない」と言われたことをきっかけに，すっかり自信を喪失し，ピアノに触れることさえできなくなっていた。また，家にピアノがないため，大学の練習室を利用するのだが，放課後すぐにバイトに出向くため，その練習時間が確保できないことも修得を難しくしていた。そのようなときに，バイト先から店長の話がきたことで，サユリの気持ちはそちらに傾いていた。店長になることで，今抱えている大学の問題が解決すると思えた。両親は自営の家業に忙しく，会社員の兄と大学生の姉も皆それぞれ多忙で，サユリの気持ちを聞いてくれる人は誰もいない。また，繊細なサユリの性格に比べて，兄も姉も物事に無頓着であり，自分を理解してくれる人は家族に誰もいないと感じていた。サユリにはそれが寂しく，誰かに受けとめてほしかったという。両親に自分の存在を認めてもらいたい，そのためには自活して両親に負担をかけたくないと思って始めたバイトと学業の両立に失敗した。その後の面接で，ピアノに対する劣等感や不安がその背景にあることにもサユリ自身も気づき，履修についての環境調整も必要と考えられた。ピアノ担当の教員には，サユリへの配慮や個別指導を依頼した。次第に，サユリのピアノに対する劣等感やこだわりが軽減し，気持ちにも変化がみられた。サユリは「やはり今ここでチャレンジしないままピアノをあきらめ大学を捨てたらきっと後悔する，バイトはまた機会がある」と大学を続ける決意を語った。具体的方策をCoからも複数提案し，ピアノも練習方法などを音楽の先生に相談するなどし，失った自信も徐々に回復した。サユリは，学業の継続を決意して大学の授業に復帰した。次年度にはピアノの単位も修得した。

サユリはカウンセリングを通して，自分なりの優先順位や選択など，現実的に対処していく方法も知り，それぞれを使い分けながらバランスをとる方策を体得し，バイトとも両立しながら学業を続けた。また，友だちたちが，遅くまでサユリのピアノの練習につきあうなど協力してくれたことに感謝し，後にCoに「あのとき逃げていたらきっと後悔した。先生ほんとにありがとう」と語った。

初回面接でバウムテストを施行し，2回目面接でKFDとKSDを描いた。以下にその描画と解釈を示す。

## 描画アセスメント

① バウムテスト

紙面を横に使用していることからは，自己中心的な見方もあるが，青年の絵では，空想世界への逃避傾向とも解釈される。PDIでサユリは「広い草原に立つ木。向こうにはたくさん木がある。季節は秋」と話した。全体に広がった風景の中に木を描いており，全体の環境との相互作用を過度に気にしていることが示唆される。環境を考慮しないでは自分自身を明確にできないところがうかがわれる。背景全体に漂う雲がサユリの不安の象徴のようでもある。濃く描かれた地平線や黒く塗られた地面や，幹の塗りつぶしからは，サユリの強い防衛や不安がうかがわれる。地平線一帯に描かれたきれいな花は，自我の未熟さの表れでもあるが，サユリが自分の複雑な性格や情緒を明らかにしようとしない投影のようでもある。

① バウムテスト

② KFD

こんな風景があったらいいなと言いながら，家族でハイキングに出かけた場面を描いた。父親像と母親像の二人の像と三人の子ども像が少し離れて描かれ，最近ではサユリにとっては父親代わりの権威的存在になりつつある兄像を背面に描き，兄への否定感や拒否感が示唆される。家族成員間の相互交流は希薄である。二羽の鳥が飛び，花が背景に散りばめられている描写からは，サユリの幼児性や本音を見せたがらない姿が推察される。

② KFD

③ KSD

　最初に自己像を描き，二番目に，黒板に向かって授業をしている先生像を描き，最後に自己像と離れた位置におしゃべりをしている友だち像二人を描いた。ピアノを弾いている場面であり，もっとも自信喪失しているピアノ場面を描いたことに驚いた。ピアノへの固執性よりはむしろサユリの将来へのエネルギーが感じられる。しかし，自己像も先生像も友だち像も，それぞれが別々の行為をしており，相互交流はみられない。背面に描かれた自己像からはサユリの自信のなさや自己否定感，大学での挫折感が推察される。紙面の左上に小さく描かれた全体描写は，左上隅定位という，他についていけない傍観者の領域でもある。大学ではピアノに自信喪失し，傍観者としてたたずんでいるサユリの姿が投影されている。

③ KSD

## アセスメント事例30

# 家族との絆が得られず自立を決意し家を出たサトミ（大学生）

### 事例の概要

**家族構成**：父，母，兄（フリーター），サトミ（短大1年生）

**主訴**：不登校，対人恐怖，家族の問題

**相談の経緯**：

サトミは，古風で生真面目な性格で，年齢とともに，その融通のなさからか友人がなくなり，短大では孤独だった。短大入学直後から授業の欠席が増え，優しく自分のことを心配してくれるZ先生の授業には2か月ほど出席した。「死にたい，消えたい」と訴えるサトミを心配したZ先生の紹介で，サトミ本人がCoに来談した。

初回面接でまずサトミは「Z先生に強くカウンセリングを勧められたから来ただけ。今日限りだから」と訴えた。家族は，昔気質の父親と，近代的な母親とが衝突し，夫婦げんかが絶えない。兄は，高校1年の後半から3年にかけて，両親に反発して家庭内暴力が続いた。ワインのビンで父親の頭をなぐって母親が警察を呼んだこともある。今は落ち着いたが，兄はほとんど家に寄りつかず，素行不良の仲間と徘徊するようになった。父親は両親が教員の家庭で厳格に育てられ，もともと自由奔放で派手好きな母親は夫の両親とも合わず，兄の問題行動もサトミの不登校も，父親の生育歴のせいだと考えている。サトミは母親には恋人がいると疑っている。家事もせずに着飾って出かける母親を許せない。サトミは「親にはどうせ言っても理解してもらえない。『なんのために学校に行ってるんだ。大学を休むぐらいなら早く辞めてしまえ。お金かかるだけだ。家にはお金がないから早く働け』と言う。今，土日は缶詰工場にバイトに行っている。辛くて辞めたい。『おまえは精神病だ。大学に行けないなら病院に行け』と言う。病院は行きたくない……」といっきに語る。結局，もう一度だけ面接してほしいと2週後の予約をする。2回目面接では引き続き家族への不満や不安を語る。「彼ができたんですけど，デートしたときに手をつなぐのは大丈夫だったんですけど肩に手を回されたときに怖くなって吐き気と息苦しさに襲われました。それから電車に乗るのも怖くなって，男の人が近くに来るだけで吐き気や息苦しさに襲われます。電車に乗るのが苦痛です。泣きそうになります。何度も途中下車しながら学校に行ったらすごく時間がかかって，でも乗るとすごく不安です。自分ではどうすることもできなくて……」と言う。あともう一度だけ面接に来ると言って1か月後の予約をとる。3回目面接で「私大学をやめることにしました。でも親に言われたからではないです。仕事も見つかって今働いてます。彼と一緒に暮らそうと思います。もちろん両親は反対しているけど，私は決めました。自分の人生だからいいでしょう。もともと学校は嫌い，人も嫌い，友だちもいないし，でも彼のことは好きになれそうです」と話す。Coは，サトミの自己決定は支持するが，あまり急ぎすぎないで，と助言する。あれほど抵抗のあった彼と同居するという。困ったら連絡することでいったん終了する。その後，サトミが退学し彼との結婚を前提に家を出て一人暮らしをしていると聞く。

初回面接でバウムテストとKFDとKSDを施行した。以下にその描画とそれぞれの解釈を示す。

## 描画アセスメント

### ① バウムテスト

　サトミは紙と鉛筆を持ち，ためらうことなくいっきに描いた。注目されるのは，まずはその太くて短い切り株である。真っ黒に塗りつぶされており，濃淡の運筆が若干目立つ。描画後サトミは「えっ，これ，木ですよ，ふつうの木ですよ」と話した。描かれた木は実際には，切り株であるが，倒れてはいない，枯れてもいない。それは切断面の小さな2本の新芽が生命を推測させるからでもある。幹と根の付け根が広いのは，さまざまなものを担いうるとも推測される。画面の下半分に描かれた切り株は，もしも完全な木の姿を描くと，きっと空間から飛び出してしまうのであろう。幹の左に空白が残され，樹木は右半分の空間領域に描かれている。塗りつぶしの濃淡は，黒の解釈が焦点となるが，「硬い人格」とみられる。黒く塗りつぶした木については，強い抑うつ感と不安の存在という解釈ができる。さらにこの木の，黒と白の対比が顕著で，環境に対しての無力感や，部分的灰色はエネルギーのなさでもある。成長の目的，成熟の象徴である実の欠如も，サトミの自己否定の投影のようでもある。この表現からは無意識的には成長の拒否が存在していたと思われる。ただ，樹木が用紙の右下に描かれ，すなわち幼児期への固着の領域とされる左下には位置されなかったことから，彼女が固着するほどの家族関係，とくに母子関係をもたないこと，このことに現症状の根を求めることができるであろう。切り株を描いたサトミは，家族のことは，もう自分の力ではどうにもならないと思っている。そうした心的な外傷体験が示唆されているともいえる。

① バウムテスト

### ② KFD

　人物像の輪郭が何重にも重ねられている。そうしなければ存在できないほどの不安を抱えているのであろう。さらに，父親，母親，兄の誰もが描かれておらず，絵の中の家族は，このあと家を出て同居したいという彼と自分である。すでにサトミの心の中には，家族は存在しておらず，抹消されているのであろうか。サトミの背後のたんすにミッキーマウスが描かれているが，このミッキーは自分がタンスに映った姿とサトミは説明した。彼との家族イメージの中でも自己存在の違和感が，ミッキーに自身の仮の姿を投影しているようにも思われる。サトミの内面で家族はすでに崩壊しているのであろうか，サトミ自身も彼も寂しそうな表情である。

② KFD

### ③ KSD

　先生は講義しているところ，学生は講義を受けているところと説明し，自己像を一番後ろの席に描いた。25人の学生像に番号をつけたが，自己像は14番目で，最後尾に描かれている。先生像は達磨のように手足のない姿であり，学生像は乱雑な半円の輪郭のみで，手足や顔など何も描かれていない。手足のない先生から学生たちへのアプローチは難しく，先生と学生たちとの心の交流はみられない。また学生間にもコミュニケーションに手段がなく，心の交流がみられない。短大生活に絶望し，登校意欲を失ったサトミが，大学の授業を後ろから第三者的に眺めているようでもある。大学に対する拒否感や否定感のうかがわれる空疎な描写である。

③ KSD

Part 2 心理療法やカウンセリングの過程での描画法

## 事例 1

# 強迫行動や身体化症状に悩む不登校シュンの自己変容過程

### 事例の概要

主訴：不登校

家族構成：父，母，シュン（中学1年生），弟（小学4年生）

シュンは，几帳面で過剰適応の神経症タイプの中学生である。対人不安や対人緊張が高く，対人関係に悩み，幼少期からの両親の期待に過剰適応してきた息切れタイプでもある。中学1年の夏休み明けから欠席が続き，その11月にCoに来談した。カウンセリングを継続し，ほぼ全登校になり中学を卒業，カウンセリングはいったん終了した。高校入学後まもなく，再び登校しづらくなり久々に来所したが，今度は短期間で登校を再開した。遠距離通学のため昼間の来談は難しく，困ったときには電話相談をしながら，大学は福祉の道へ進み，社会適応していったケースである。

以下に事例の経過と用いられた描画法を記す。「　」はシュンの言葉，〈　〉はCoの言葉を示す。〔　〕は認識のレベル（心象の言語化レベル）を示す。Clはクライエント，Coはカウンセラーを指す。

### 事例の経過

〈第Ⅰ期〉今の"自分"を見つめ直す時期

中学1年の2学期，シュンは，制服に着替えるが玄関から出られない，玄関から出ても校門から引き返す，朝になると腹痛や微熱で登校できないなどの繰り返しで，ほぼ全欠状態になり，Coに来談した。シュンの希望で，担任の教員が週に2回程度迎えに行くとその日は登校する。いったん登校すると，学校にいる間にこやかに過ごす。Coは，辛いときは保健室でも過ごせるようにするなど，シュンの居場所づくりをする。次第にシュンはCoに，学校での緊張感などを語りはじめる。

シュン：「授業中当てられないかと緊張して怖い」

Co：〈みんなの中にいるのは苦手かなあ？〉

シュン：「『どうして体育できるのに，クラブできない』と言われて悩み，体育もできなくなり，そうしたら『学校来てるのに，どうして体育ができない』と言われ，それが苦しくて，学校にも行けなくなった。今も，同じ辛さ」「耐寒マラソン（毎日）に参加すれば，『何でクラブには行けない』と言われる」

と言って悩む。ある日の朝，雨のため耐寒マラソンが中止という連絡網が入った途端に布団から起き出して登校したエピソードもある。

Coは，学校コンサルテーションなどを実施し，学校との連携協力体制をつくり，シュンの現実的な環境調整を行う。「クラブは辞めずに残しておきたい」というシュンの言葉を尊重し，しばらくは休部とする。登校しなくても，家では少しずつ学習を続ける。

この期に，KFD①とKSD⑤を施行した。

〈第Ⅱ期〉これまで"無理をしていた自分"に気づきを示し，"自分"について考えはじめるまでの時期

中学2年になり，家では，料理なども積極的に手伝うなど，家族の一員としての役割遂行感をもちはじめる。カウンセリング開始後，徐々に再開した登校日数は，3分の1程度の登校状態になる。家族には，大分自分の意見や気持ち

が言えるようになる。シュンが毎晩寝る前に玄関に通学カバンを置くのを父親が「お母さんを安心させるためだけにやっている」と言ったことに，シュンは初めて父親に，そうではないと自分の気持ちを話す。シュンの重荷になっていた親の先取り不安や過剰な期待感，母親の強迫性や父親の支配感が軽減されていく。

シュン：「一日登校すると2〜3日ぐったりする。次の日は疲れて休んでしまう」
Co：〈休める自分も大切に〉〈自分の限界を知る……，自分のパターンを知る……，とことんまでいかない……〉
〔Cl の心の「意味」の客観化〕
〔自己の状況の心理的な明確化〕
シュン：「やはり授業中かなり緊張する」
Co：〈元気になるまでは，突然に指名されることはないから，心配しなくていい〉

シュンは，小学6年のときのがんばりがいかにすごかったかを話しはじめる。次第に，不登校までの自分の心の軌跡や，その後の自分の変化について語りはじめ，内面を振り返る。この頃適応教室にも2回見学に行く。

シュン：「やっぱり友だちのいる学校のほうがいい」
Co：〈緊張するけど，みんなといたい？〉
定期考査や実力考査は登校してほとんど受けるが，疲労の強いときは1日受けると翌日休む。
Co：〈休める自分も大切に〉
夏休みには数回夕方登校を試みる。
シュン：「みんなの来ていない学校は行きやすい」
Co：〈人のいない学校は，少し楽？〉
〔自己の状況の心理的な明確化〕

夏休みの宿題の自由研究のテーマがどうしても決まらないが，期日が過ぎた途端に一心不乱にやりはじめて終了する。以前なら，父も母もそれを責めたが，今はそういうシュンを認め見守る。体育は，シュンの状態を第一に考えると，シュンの判断を尊重し見学が認められるようになったことをシュンに伝える。体育の見学手続きをした後「気持ちが楽になった」と，初めてできないほうを選ぶことへの肯定的な表現をする。

Co：〈今はできなくてもいい〉
〔自己の感情の意識化〕
シュン：「休みはじめるまでの自分は，勉強，クラブ，塾と，とことん張りつめてがんばり抜いてきて，はじけてしまった。それからは，何もできなくなった」
Co：〈力が抜けてしまった感じ……〉
シュン：「このままだと高校へ行けないかと心配。やっぱり高校へは行きたい」
Co：〈高校に行きたい気持ちを伝えてくれたんだね〉〈その時の自分に合った方法で，その時その時，せいいっぱいやればいい〉
〔Cl の心の「意味」の客観化〕
〔Co からの「意味」のフィードバック〕

しばらく担任の家庭訪問が疎遠になる。
シュン：「担任の家庭訪問は多少負担に感じるが，やっぱり来てほしい。忘れないでほしい」
Co：〈忘れないでほしい気持ち，よくわかる〉
〔Cl の心の「意味」の客観化〕

Co より学校に連絡し，シュンの気持ちを伝え，家庭訪問の仕方などを助言する。担任は新年度の転勤の可能性が高く，3年につなぐための進路の連絡調整や情報交換をする。

この期に，KFD ②，KSD ⑥，バウムテスト ⑧を施行した。

**〈第Ⅲ期〉"自分"を知って，進路を自己決定していく時期**

中学3年になり，担任は転勤するが，シュンを側面的に支援してきた教員が新担任になり，シュンもほっとする。春に修学旅行に参加する。出発までの1か月間は登校するが，修学旅行から帰った翌週から欠席が増える。

シュン：「修学旅行に行く目標までがんばっ

たら，あと力が出なくなってしまった」
　Co:〈気の抜けた感じ？〉
　〔自己の状況の心理的な明確化〕

　決めた日は登校するが，それ以外はなかなか家から出られない。両親ともに，ゆとりをもってシュンに接するようになる。定期考査と実力考査は受け，中の上位の結果にシュンはほっとする。昨年同様，なかなか決断できなかったポスターのテーマをCoに相談し，自ら決めて描いた環境ポスターが入賞した。それを報告するシュンの表情には，達成感が感じられた。
　Co:〈自分で決められて，ほんとうによかった〉

　体育祭に出席し，ぶっつけ本番で全種目に参加する。100メートル走では，
　シュン:「必死に走ったら目が回るので，自重した」
と，これまで何度か越えてしまった一線（呼吸困難で倒れたこと）を自らコントロールしたことをCoに報告する。さらに，
　シュン:「後で考えたらよくあんなことができたと思う。やり出したら余計な気持ちは忘れていた」
などと振り返る。
　〔パターンを知り，パターンを変える〕
　Co:〈自分のことそのまま見えてきた感じ〉
　〔Clの心の「意味」の客観化〕
　〔Coからの「意味」のフィードバック〕
　シュン:「これまでの自分の生き方は，母親の生き方，すなわち外から自分がどう見られるかということを気にする生き方だった。学校を休みだしてからの自分は，むしろ父親の生き方，自分に正直に生きる生き方，自分を大切にする生き方」
　Co:〈自分のこれまでの生き方（パターン）を知り，これからの生き方（自分に合った生き方のパターン）を考える〉
　〔状況の心理的な明確化〕

　シュン:「母親の生き方から，父親の生き方，自分に正直に生きる生き方，自分を大切にする生き方へ変えていこうと思う」
　〔弁証体系的な変換（統合）〕

　進路について，学校が勧める提携高校に対して，自分は違う気持ちであること，一番心休まる技能関係の高校への強い希望をCoに訴える。シュンに自分の気持ちが表現できたことのすばらしさをCoから伝え，学校との連絡調整をはかる。
　シュン:「高校には行きたい，今の学校の人たちのあんまりいないところがいい，一からやり直したいから」「学校はあんまり生徒の多くないところがいい。多いと圧倒される」
　Co:〈まっさらでやり直したいんだね〉
　〔Clの心の「意味」の客観化〕
　〔Coからの「意味」のフィードバック〕
　シュン:「だけど一番欠席のことが心配」
　Co:〈せいいっぱいの自分であればいい〉
　シュン:「せいいっぱい準備してきたから大丈夫？」
　Co:〈心配しなくていいよ〉
　〔パターンの示唆〕

　両親にも学校との連携，緊密な相談を勧め，シュン自身からも担任に自分の気持ちを伝えることができた。さらにCoからも学校との連絡調整を重ね，ようやくシュンの第一志望校の受験が決まる。

　第一志望の高校に合格し，シュンは合格発表の場から，息せききってCoに電話で知らせてくる。

　無事に卒業式に参加した。
　シュン:「緊張しなかった，式に出られてよかった」
　Co:〈ほんとうによかった，ありのままでよかった〉
　〔相互理解〕

この期に，KFD③とKSD⑦を施行した。

〔高校入学後〕
**〈第Ⅳ期〉自己受容から自己変容し適応していく時期**

　高校に入学し，5月連休明けから欠席が目立ちはじめ，次第に登校できなくなり，1学期末に来談。
　シュン：「学校に行けなくなったけど，他にやりたいこともあるからいいかも」
　Co：〈他にやりたいことは何？……〉
　（シュンの心の中の逃げに向き合うために）
　〔介入し矛盾の追求から心の中の明確化へ〕
　〔自己の状況の心理的な明確化〕
　Co：〈今しかできないことがある。それは下準備としての知識や，人間成長のための準備ではない？〉
　シュン：「もう一度がんばってみようと思う。学校に行ってみたい」
　〔Clの心の「意味」の客観化〕
　〔相互理解〕
　その後，シュンは登校を再開した。
　この期に，KFD④を施行した。
　シュン：「自分は自分一人で生きているのではないと思うようになった。そうしたらだんだんその自分との葛藤が心地よくなり，そんなに無理しなくてもいいという気持ちになった」「今までは人に『どうしたい？』と聞かれたら，人のことを考えて，自分の意見を言わなかったり，『どちらでもいい』と言っていた。今は，自分の考えを言うように努力している」「自分と他人がいて，自分の視点と他人の視点がある。自分の視点から他人を見るんじゃあなくて，他人の視点から自分を見たときに，すごくなよなよして男らしくない自分の像が見えてきたときに，意識して変えてみた」「今までは人に対して気をつかい，口調とかも自分を出さぬようにしていたけど，やっぱりなよなよした自分が他人には映っていたんだと思う。食堂でのバイトの経験や高校生活やカウンセリングを通して，気をつかわずに，地のままに生活できるようになった。相手を見ることができるようになった。一線が超えられた感じがする」
　Co：〈見られているのではなくて，「見る」ことができるようになった感じがする〉
　〔対人認知の構えの変化（受動から能動に，「見られている」から「見る」へ）〕
　シュン：「今までは，自分がどう思われるかばかり気にしていた。バイトから『人と接するうえでのコツ』と『話をすることの大切さ』を学んだ」
　Co：〈見られる自分だけでなく，見る自分も学んだ？〉
　〔シュンは，対人認知の構えを，受動から能動に切り替えた〕
　シュン：「もう逃げない」
　Co：〈自分の心の中で逃げない〉
　シュン：「自分も我慢できなければ，人もいやなことだと思うようになった。自分が楽にならなければ相手も楽になれないと考えるようになった。だからもう無理はしない」
　〔シュンの認知の転換ともとれる自己変容が，シュンをもっとも苦しめてきた対人恐怖，対人緊張などの解決につながったのではないか〕
　この期に，バウムテスト⑨を施行した。

　本事例は，カウンセリングなどによるちょっとした対人認知の転換の援助や，周囲の適切な援助が青年の自己回復力と相まって解決していった事例でもある。シュンの言葉の変遷や，内省は，青年期の自己像が新しく創りかえられる過程，自己変革や自己変容の過程やあるいはその可能性を示している。
　治療過程での描画は，Coのシュン理解を助け，そこにはシュンの心の変化が投影されていった。バウムテストからはシュンの自我状況などがみえてきた。また，KFDからは家族像が，さらにKSDを組み合わせることで，シュンの

学校像さらにはシュンの全体像が見え，学校との環境調整にも役立った。

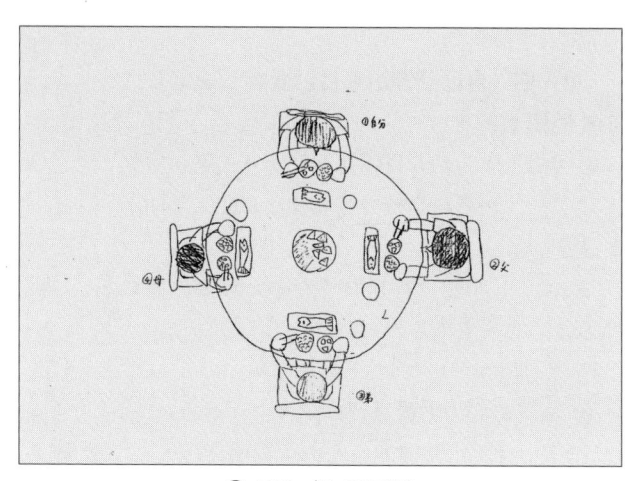

## 描画の解釈

### (1) KFD の変化

#### ① KFD（治療初期）

家族の食事場面であるが，見下ろした食卓，すなわち鳥瞰図である。この表現は，家族からの距離をおいて上空から見ており，空間におけるクッションがおかれた状態からはその防衛的な姿勢がうかがわれる。食事は器や食物のすべてが四人に均等に盛り付けられ，シュンの周囲への気づかいが表れている。最初に自己像を描き，家族で自己主張することのないシュンの，家庭での自己存在感を示すアンビバレントな心理がうかがわれる。

① KFD（治療初期）

#### ② KFD（治療中期）

中学1年の夏の家族旅行の光景で，「一番楽しかった思い出」と話し昔の楽しかった家族旅行を思い出してイメージをふくらませている。家族全員が並んで立つが全員背面であり，否定感や防衛がうかがわれる。欄干を用いて家族全員に引かれた下部の線は，家庭内の不安定感を示唆している。花火という温かさは愛情への欲求の表現とみられるが，シュンの内面の怒りの表現とも解釈できる。そこに，シュン自身の一番辛い時期における家族への愛情欲求という葛藤が推察される。自己像を最初に描き，次に弟像，母親像，父親像の順に描いた。父親との心の交流のもっともなかった時期であり，心的距離が描画上の距離に反映しているともみられる。屋内での日常的な今の家族を描かず，屋外の昔の思い出を描くところに，家族成員に向き合えない，家族メンバーの希薄な存在感ともみられるが，屋外のレジャー場面を描くことにより，時間上のクッションをおくシュンの微妙な家族

② KFD（治療中期）

関係への適応努力もうかがわれる。

### ③ KFD（治療後）

家族個々に別々の行為ではあるが，シュンの家族画では初めて動きや表情のある絵である。母親像は料理をしているという母性的な行為，父親像はテレビを見るという社会との交流場面，弟像はバスケットボールというエネルギーの高い行為，自分は本を読むという静的な行為である。各々の行為からはシュンが家族を形式的に受けとめていることが推察される。これまで家族全員が同一の行為をしている場面を描いていたシュンが初めて家族が個々に別々の行為をする場面を描き，シュンの強迫性や過剰適応の軽減がうかがわれる。描かれたスペースは小さく，残りの空白は，シュンの視野の広がりとも，エネルギーの消耗感ともみられる。

③ KFD（治療後）

### ④ KFD（回復期）

描画後，シュンは「家族でピクニックに行っているところ。最近で一番楽しかったこと」と話した。もっとも特徴的なのは，カウンセリング終結後に描かれたこのKFDには，風景構成法の10のアイテム――川，山，田，道，家，木，人，花，動物，石――がすべて描かれている。対人関係に困難を抱え苦悩し，やがて対人認知の転換により，学校や社会に適応的に変化した時期の絵である。自然界の生命の源をすべて表現したシュンは，自然と人との融合をも可能にしてきたのかとさえ思わせた。

④ KFD（回復期）

## (2) KSDの変化

### ⑤ KSD（治療初期）

先生は担任ではなく，朝迎えに来る学年の先生である。生徒は三人ともに背面で描かれ，シュンの学校場面での自信のなさや否定感が推察されるが，自己像を最初に描き，自己存在感へのアピールと現実の登校場面での自己否定感の葛藤が示唆されている。椅子の下部に引かれた線は，学校内での不安定感を示唆している。

### ⑥ KSD（治療中期）

KFD②の後に施行を試みたところ，かなり迷うが描かない。表現できない葛藤がうかがわれる。

### ⑦ KSD（治療後）

カウンセリング終結時に描かれた学校画である。描画後シュンは「数人の仲間でバドミントンをしているところ」と説明した。自己像は背面だが，ラケットを振り下ろす姿にエネルギーが感じられる。球技からは，シュンの内面にある攻撃性がうかがえるが，自己像はネットにより友だちと区分され，エネルギーや攻撃性がコントロールされているようでもある。全体にスペースが小さいことはKFD④と同様であるが，これまでのシュンの学校画では初めての運動する場面であり，生き生きとした力動が感じられる。

⑤ KSD（治療初期）

⑦ KSD（治療後）

### (3) バウムテストの変化

#### ⑧ バウムテスト（治療中期）

断続的な登校をはじめた頃に描かれたバウムである。特徴的なのは，樹冠全体に描きこまれた幾種類もの多くの果物と，笑顔の描きこまれた太陽や雲である。さらに，何重にも重ねられた細かい網目の幹の陰影である。顔のある太陽や雲からは幼児性が，幹の陰影からは防衛が，地上の線からは現実社会とのかかわりが推察される。樹冠の多くの実からは，目標の定まらない総花的な姿や，枝がないことからは，現実適応の困難がうかがわれる。周囲の草花や太陽や雲からは，それらにより本質から目をそらそうとする防衛的な姿が推察される。

#### ⑨ バウムテスト（回復後）

高校通学が定着した期に描かれたバウムである。特徴的なのは，樹冠内に，3つの四角形と4つの円形の中に描かれた，それぞれ別々のアイテムである。描画後，シュンは「どれも今，自分の欲しいもの」と話した。四角形の中は，下から順に，「海」「日の出」「山」，○の中は上から順に「くつ」「服」「果物」「お金」と説明した。さらに果物は「一応実のなる木なので」，お金は「バイトのお金」とつけ加えた。教示に気づかいながらも自由に表現しようとしていると思われた。不登校時のバウムテスト⑧に対して，その実は現実的になり，さらにその配置は曼陀羅さえ思わせる。やはり枝はなく，欲しいものは現実化したが，その手段がわからない状態が推察される。幹の陰影の消失しあっさりした雰囲気からは，防衛の薄れたシュンの内面が推察される。

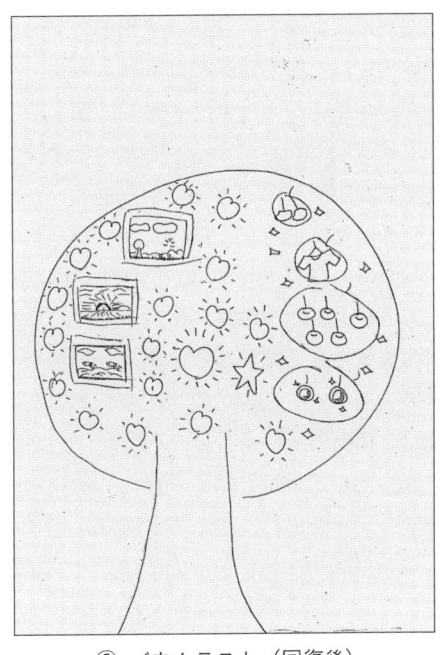

⑧ バウムテスト（治療中期）

⑨ バウムテスト（回復後）

事例2

# 摂食障害や大学での適応困難に苦悩したミキ

## 事例の概要

主訴：摂食障害（過食と拒食を繰り返す）

家族構成：父，母，ミキ（短大2年生），弟（高校2年生）

生育歴：ミキは幼少期から，親や先生の言うことを聞く良い子で，学校の成績も上位だった。気弱で対人関係は苦手だが，友だちは何人かいた。誰にでも優しく親切にし，高校受験当日，発作で倒れた通りがかりの女性を，試験に遅刻しながらも救急車の到着まで介抱したというエピソードや，病気の友だちの見舞いとノート作りを何か月も続けたことなど，これまでの親切は数えきれない。母親は，ミキには過保護過干渉の養育傾向にある。父親は楽天的でのんびりした性格で，そこが母親には気に入らず，夫婦はけんかが絶えなかった。子育て，家のやりくりともに母親に実権がある。弟との姉弟関係は良好ではないが，弟は男子だから別といった性差を表面的には抵抗なく受け入れて育った。

相談までの経緯：ミキは，小学生の頃からの夢である短大医療看護学科に進学した。最初は学科の成績も良く順調だったが，2年になり，初めての実習先で患者への対応のまずさを指摘された。担当の主任からは，人間関係の経験に寮に入ったらどうかと勧められた。幼少期から誰にでも人一倍優しくするミキには，患者への接し方を指摘されたことがよほどショックだったらしく，6月，周囲の反対も押し切りすぐに入寮したが，極度の緊張が続いた。まもなく，寮の先輩の「仕事のてきぱきできる人は痩せている」という言葉を聞いたのがきっかけで，ミキはダイエットをはじめた。55kgの体重はいっきに40kgまで減った。夏休みも帰宅せず寮で過ごし，後期授業が始まり，ミキはスーパーで籠いっぱいの食料を買い，帰っていっきに食べた。翌日も翌々日も買い込んで食べた。ところが気がつくと，ミキはトイレで吐いていた。その後は，買い込んでは食べ，食べた後はお腹がはったり，食べ過ぎた後悔などで，大量の下剤を飲んでお腹を空にする行動が続いた。ダイエットで痩せはじめた頃はうまくいき出したと思っていた実習も，失敗ばかりで叱られる日が続き，食べては下剤を飲む生活が自分の意志ではコントロールできなくなった。誰にも会えず，寮の自室からは一歩も出なくなる。体重も40kgを切り，短大の先生の半ば強制的な判断で，半年ぶりに寮を出て家に戻ったが，食行動は改善されなかった。母親はミキの症状が受け入れられず，ミキを責めるばかりだった。父親は2年前からほぼ別居状態であった。短大からは，実習不適応を指摘され，このままでは実習単位不認定で進級できないと告げられたミキは，2年生の10月半ばに，受診した家近くの神経内科医院からの紹介で，Coに来談した。

## 面接経過

面接は約2年半にわたり，週1回から2週に1回程度に移行し，回復にともなって，ミキからの希望時に適宜実施した。「　」はミキの言葉，〈　〉はCoの言葉を示す。

### 〈第Ⅰ期〉奇妙な言動を訴える時期

短大2年，ミキは食症状に苦しみ，自分自身がコントロールできなくなり，不安と混乱に陥り，体重減少も著しかった。近医の見立てでは，

貧血や低血圧はあるが，医学的検査では異常所見はなく，ミキの内界に身体が反応しての身体症状と考えられ，当面は通院で身体管理しながらカウンセリングで対応することになった。カウンセリングでは，摂食障害を取り除くことだけに焦点化せず，ミキをありのままに認め，ミキの抱える問題を総合的にみていくこととした。

ミキ：「誰かが呼ぶ声がして，気がついたら公園で一人ブランコに乗っている。行け行けと言われて，外に飛び出してボールを蹴ってることもある」「友だちや先生が悪口を言っている。みんなが集まってこそこそ言うのが聞こえる」「まわりの声が気持ち悪くて，人前で，このやろうとか大声で言ってしまいそうで怖い」「誰かに見られていて眠れない」「もうやっていけないと思うと恐くてたまらない」

などと食症状の他にもさまざま訴えた。初回面接時の母親は，細い身体いっぱいの虚勢が感じられ，女性性の獲得が十分でない印象があった。そのようななか，ミキが自ら治療行動へと向かったことにむしろ驚いたが，「大学は続けたい。資格を取りたいから」と訴えた。まずは面接で心の安定をはかりながら，無理のないペースで支援していくこととする。この期にバウムテスト①，KFD⑤を実施した。

**〈第Ⅱ期〉身体症状の安定する時期：幼児のように共感的応答を求め，母子関係や対人関係を語る**

ミキの話はまず身体症状の説明から始まり，大学を中心とした，家族以外の身近な人間関係への不満や批判が続いた。友人から疎外されたこと，真面目にやれば「いいかっこうしい」と言われたこと，実習先の先輩から，翌日の予定を知らされずに忘れ物を重ね，「こんなこともできないの」と責められたこと，教官たちから「あなたはこの仕事に向いてないのではないか」と何度も叱責されたこと等々，過去から現在までの対人関係を中心とした周囲への批判が続いた。話の内容からは，人には親切にするが，自分も優しくされないと傷つくことの多い，ミキの対人関係のパターンがうかがえた。ミキの心の底にある叫びを聞き続けながら，その問題解決へと見通しを立てていく。Coはこの期の面接を通して，今のミキには解釈を受け入れることはまず難しいと感じた。しばらくは，ミキを共感的に理解し，ありのままを認めていくことをもっとも優先しながら徐々に改善していく方針とする。

ミキは次第に，親への不満などをCoに語りはじめた。幼い頃から母親には何事も指示され，言いなりに従ってきた。反論すると母親は泣き出したり怒り出したりして，一方的にミキが自分を抑えてきた。「お母さんは，一度も自分の気持ちを最後まで聞いてくれたことがなかった」と話した。母親はフルタイムで働いているため，母親とは電話相談など他の方法を組み込んでいくことにした。ミキは絵を描くことに興味を示した。動的HTP描画診断法⑬（以下，K-HTPとする）とKFD⑥を実施した。

ミキ：「私は優しく言ってもらえない人からは責められていると思ってしまう。心が痛くなる。だから，学校でも先生や友人から責められているんじゃないかと怖くなってしまう」「他人の欠点がどうしても許せない。とくにずるい人だけは許せない。その時には相手を変えられない自分を責めてしまう」

などとせきを切るように語った。

Co：〈自分が見えてきた感じ？〉

ミキ：「私は悪いところを治したほうがいい？　変えないと楽にならない？」

Co：〈まずは，自分を認めてあげたいと思っているのじゃないの？〉

ミキ：「そうかもしれない，自分のことをすぐに治さなくてもいい？」

Co：〈どちらの自分も大切な自分，まずは大切にしてあげよう〉

ミキ:「今の私でもいいところある?」
Co:〈もちろんだよ〉

ミキの食症状には,直接的には実習の挫折による心的外傷体験などが重なった状況と思われたが,その背景には,ミキ自身の問題や家族病理などが推察された。ミキは次第に家族のことも話すようになった。

ミキ:「私は小さいときからずっとお母さんのお父さんへの愚痴や怒りを聞かされてきた」
Co:〈聞きたくなかったのね〉
ミキ:「聞きたくないけど,聞くしかなかった」
Co:〈聞いてあげることが自分の役目と感じていたの?〉
ミキ:「そう,私しかできる人はいなかったから」「今の進路もお母さんの子どもの頃からの夢」

こうして選んだ道は最初の実習でつまずき,食行動に異常が生じ,さらには短大からは実習不適応で進路変更を勧められるところまで追い込まれた。「私は良い子でいなければならない。弱音をはいたらお母さんを苦しめるし,悲しませる。お母さんはお父さんを認めないから,頼るのは私しかいない」

こうした家庭内の持続的緊張がミキの症状に深く関わっていると考えられた。

〈第Ⅲ期〉症状が軽快する時期(母子関係の改善とミキの自己変容)

進級についての短大との最後の話し合いを前に,母親からの希望で,2回目の母親面接が行われた。母親は「ミキをなんとしても進級させたい」と話したが,3月,短大2年の実習単位は未認定となり,休学手続きをとる。この期に母親面接が5回実施され,母親は次第にミキを理解しようとしはじめた。その中で,母親自身,自分の母(祖母)がその夫を受け入れられないままに夫(祖父)の亡くなった家庭,女性性の否定された原家庭がみえてきた。当面は母親の生活状況等から判断し,現実的な対応や解決策を優先し,ミキのカウンセリングを中心にすすめながら,母子関係の改善もはかった。母親は自分の先取り不安に次第に気づくようになり,ミキとのほど良い距離をとろうとしはじめた。Coは,母親の抱えるさまざまな苦悩を理解し,状況を整理しながら,ミキの問題解決のキーパーソンとしての役割と位置づけ,協力関係を調整していった。

ミキ:「本当はお母さんを見たくないのに,やっぱりお母さんが気になる」「最近,お母さんのこと,前ほど重たくなくなった。お母さんの気持ちが少しはわかる」
Co:〈自分が自立していけばお母さんが変わるということ?〉
ミキ:「それもある,それにお父さんに頼れないお母さんの悲しさが今まではわからなかった」

などと,これまでみられなかった母親の気持ちをくむというミキ自身の共感性,つまり自分の情緒的側面を自覚し,相手を思いやる力が示されたように思った。

ミキ:「この頃お母さんがあんまり嘆かない。私の悪いことばかりを責めないし,私のことでくよくよ悔やまない」

と,少しずつ家族力動にも変容がみられる。

ミキ:「やっぱりお父さんがどうしているか気になる」

と,突然絞り出すように,初めて父への気持ちを自ら切り出した。これまで父親を家から追い出した母親と,父親との別れの儀式もなく離れ離れになった自分,無意識にそれらを自分の症状の原因と考えてきたミキは,父親との関係の再生を願う気持ちをCoに語った。

Co:〈お父さんのことは急がなくていい。自分も元気になりながらゆっくり考えればいい。少しずつ話してみればいい〉
ミキ:「今はダメでもいい?」

Co:〈いいと思うよ〉

ミキの症状や葛藤のもとにある要因は何か，これまでの情報に面接を通して得られるあらたな素材を加えて，それらを統合する作業，多くの要因を明らかにしてミキのもつできるだけ多くの側面にCoが共感する作業をすすめた。この頃，実施したSCTからは，支配的で過保護過干渉の母親像と，家族間での存在感が希薄な父親像などの家族像が推察された。

ミキ:「自分が他人から見られている，他人が私のことを悪く思っている，悪口言っている，って苦しんできた。だけど，最近，相手から見た自分を考えるようになってみて，相手から見えてる自分は，それほど相手のことを思いやる優しい自分でないと思えるようになってきた」

Co:〈自分を外から眺めてみて？〉

ミキ:「他人が私を悪く言っているのでなくて，私の中にある自分が，もっとよく見られたいと思う自分が，そう感じているんだって思えてきた」

Co:〈少しずつ自分が見えてきた〉

ミキ:「最近，他人から見た自分を考えるようになって，そんなふうに自分のことが見えてきた」

ミキは自分の心の深いところにも目を向けはじめた。

ミキ:「私はもしかして，人に同情したり，苦しんでいる相手の気持ちになることで，自分が安心していたのかもしれない。それに，相手に同情しているほうが安心だから，私にはもう少しだけ余裕がある。まだ大丈夫って感じ」

Coからの統合作業で，ミキの情緒の断片と共感的に理解された体験状態とが並行して，治療関係や現在の母親との関係，過去のミキの対人関係パターンが絡み合いながら面接はすすんだ。ミキは，これまで言いたかったことを初めて母親や祖母にぶつけ，Coに

ミキ:「言いたいだけ，言ってしまった」「泣きわめいてしまった」

と報告した。"良い子"のミキは，少しずつ自己主張できるようになる。この頃から徐々に食症状は改善する。

ほぼ毎週の面接は，2週に一度のペースで安定し，幻聴様の症状なども消失していた。初めて友だちと人混みにも抵抗なく出られたと報告した。

この期に，バウムテスト②，KFD⑦，KSD⑩，K-HTP⑭を実施した。

〈第Ⅳ期〉カウンセリングの終結とその後：進路を自己決定する（自分自身を振り返る）

1年間の休学期間が終わる直前の2月末，ミキ自身の判断で短大は退学し「これからは，ほんとうに何をしたいのか，自分で探してみたい」と話した。その後も何度かは苦しくなって下剤を飲み過ぎ，Coに電話で救いを求めることもあったが，その回数も減り，体重もほぼ回復した。近医への通院は終了し，カウンセリングは本人の「もう少しだけ」という希望もあり，月1回程度のミキの希望時に適宜行う不定期面接の形をとることになった。

翌春，ミキは県外の看護短大に再入学した。遠方でもあり，カウンセリングは終了した。

ミキ:「今度は大丈夫，苦しんだけど今度こそ自分で決めた道だから」「今までは先生（Co）がいっしょにいてくれた。これからは自分で振り返りながら，少しずつ成長していきたい」などとも話した。

この期に，バウムテスト③，KFD⑧，KSD⑪，K-HTP⑮を実施した。

〈その後〉

再入学後しばらくは何事もなく過ぎたが，半年後に「自分で自分を責めているみたい，自分に負けそう。でもこれからが始まりだもん」などとのメッセージとともに，時々下剤を大量に飲んでCoに電話してきたり，過呼吸症状で病院に担ぎ込まれたこともみられたが，その

都度まもなく症状も改善した。ほど良い母子関係が形成されてきたものの，対人過緊張や過剰適応的な性格特性や，自我の未熟さや脆弱さは依然みられ，家族の課題も残るが，ミキは，短大を無事卒業した。

　カウンセリングが終結し短大卒業から5年後，ミキはCoを訪ねて来た。短大卒業後，いくつかの大学病院などに勤務したが，いずれも常勤のハードな勤務体制や人間関係の緊密さに耐えられず，嘱託や非常勤に勤務替えした。1年前に公立病院に勤務してから今日まで初めて常勤で仕事が続いた。このことを生き生きと報告に来たミキの話から，ようやく自分探しの旅をしながら自我が成熟し自己確立していった姿を感じた。そのときにミキが描いたのが，バウムテスト④，KFD⑨，KSD⑫である。

**描画の解釈**

　描画法は，ミキが絵を好んだことや，神経質で防衛的なミキには適していると考えて，テスト・バッテリーを考えて用いた。

(1) **バウムテスト（①，②，③，④）**

① バウムテスト（カウンセリング初期）

　インテーク後まもなく描かれ，幹の細い小さな木はミキのエネルギーの低さを，地面の強調からは，家庭生活への精神的な葛藤や不安がうかがえる。根づきはみられず，痩せた1本線の幹は，拒食で身体エネルギーの極端に落ちたミキの自己像でもある。用紙を横にして使用し，青年期特有の空想世界への逃避傾向という見方もあるが，周囲が自分に合わせることを期待する欲求とも推察される。PDIでは「木は草原にある」と説明し，社会との接触に防衛的な自己表現とも推察される。

① バウムテスト（カウンセリング初期）

② バウムテスト（カウンセリング中期）

木のサイズは前回よりも大きく，縦に用いた用紙の中心部に位置し，エネルギーの高まりを感じる。樹冠に黒く濃い陰影づけ，幹にもその周囲を陰影づけられており，神経症的な退行を疑わせるところもあるが，この絵の力点が外界との接触に対する防衛にある，あるいはそこへの関心の強さとも推察される。前回のバウムテストと同様に「木は草原にある」と説明した。幹の右側に分岐して描かれた小さな木は「かわいいので描いた」と話し，ミキの未熟性や大人になることへの不安が推察される。

③ バウムテスト（カウンセリング後期）

大学に再入学後に描いた。中央に太く描かれた幹，しっかりとした枝振りと多くの実からは，目標の現実化へのエネルギーが感じられる。幹に対して樹冠上部の貧弱さから統合の悪さがみられるが，根はしっかりとし，地面は自然で，前回の細い木と強調された地面とは対照的である。これまでのバウムテストにはみられない，しっかりした根づき，実，太く大きな幹がみられる。若干曲がった地平線や周囲のオトリ的な草からは，自己への虚飾や欺瞞が，葉の覆いがないことからは，社会への開放感が感じられるが，自己のまとまりに苦労している姿にも推察される。幹の太さや用紙全体のサイズからは自信回復の反映ともみられ，幹に縦に引かれた陰影はそれほど濃くなく，強い不安や防衛を示唆するものではないように思われる。全体として将来への自我の成長が期待される。

② バウムテスト（カウンセリング中期）

③ バウムテスト（カウンセリング後期）

④ バウムテスト（カウンセリング終結後）

描画後「風に葉が舞っている。遠くには木がたくさんある」と語った。全体的に，優しさやファンタジーを感じさせる。特徴的なのは，紙面全体を覆う落ち葉である。風に葉が舞っているという説明からは，ミキの傷つきやすさや，対人関係面での別離感情の表現ともみられる。あるいは，過去の人間関係や辛い出来事と，決別して生き直そうとするミキ自身なのかもしれない。幹に対して小さな樹冠からは，ミキの情緒の支配性や未熟性が読みとれる。分岐した枝は，防衛的で慎重な性格の投影であろうか。これまでの，ミキのバウムテストにみられた，自己の過小評価や，防衛の強さはみられない。

(2) KFD（⑤，⑥，⑦，⑧，⑨）

⑤ KFD（カウンセリング初期）

絵を描くのが好きと言っていっきに描いた。自己像と家族各成員の像を，円形に区分して描き，自己像は食べ物に取り囲まれた食事場面である。その自己像とミキ自身の部屋を区分し，食べ物への執着と食べることへの罪悪感とのアンビバレントな心理が投影されている。父親像は描かれず，自分への期待過剰で過保護，過干渉の母親像と，その母親と母子共生的な祖母像をひとまとめにして区分している。区分された左の円のミキの部屋の学習机や学習道具からは，ミキの学業への関心の強さがうかがわれる。さらに，それらの区分化された三つの円から，もう一つの半円形に向かって新幹線が走り「こんな風景のところに行けたらいいな」とミキは説明した。この紙面の下方に区分されている乗り物や風景から，家から出たいが母親に許されないミキの心情が推察される。緊張的な家族関係における抑圧から解放されたいミキの無意識の願いが投影されているようにもみられる。

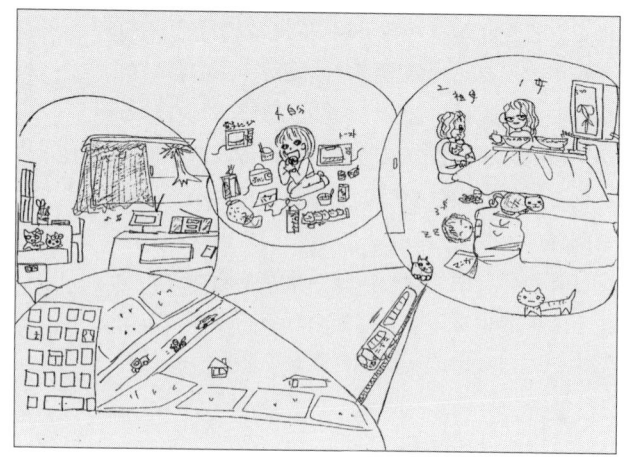

④ バウムテスト（カウンセリング終結後）

⑤ KFD（カウンセリング初期）

Part 2　心理療法やカウンセリングの過程での描画法

⑥ KFD（カウンセリング初期）

来談から2か月目に描いた。ミキは「お母さんにかわいがられている」と説明した。自己像に手を差し延べる母親像からは，過保護で支配的な養育態度が推察される。自己像の小さなサイズと大人の容姿のアンバランスからは，ミキの大人になることへの葛藤がうかがわれる。一人離れて立つ小さな父親像は，家族からの孤立や無力感の投影ともみられる。

⑥ KFD（カウンセリング初期）

⑦ KFD（カウンセリング中期）

ミキはこれまで進路決定まですべてに母親の言いなりになってきた自分を振り返り，「自分らしく生きたい」と自分探しを始めたが，これはその頃描かれたKFDである。母親像は車に乗るという包囲が用いられ，車にわずかに接触した自己像からは，車で離れていく母親を描く一方で，母親の気持ちを受けとめようとする，ミキのアンビバレントな感情がうかがわれる。父親像は描かれず，家庭で存在感を増してきた弟像が最初に大きく描かれている。

⑦ KFD（カウンセリング中期）

⑧ KFD（カウンセリング後期）

カウンセリング終了直前に描いたこの絵では，同じ食卓を囲み食事をするという家族団らん場面であり，それまでのKFDに用いられた，個々の家族成員と自己像との間の包囲や区分化や省略はみられない。衣服のぬりつぶしなどに，家族員への不安や緊張が示唆されているが，すべての家族全員像を正面に描き，家族に対する肯定的感情がうかがわれる。自己像を最初に描き，家族の中での自己存在感を主張してい

⑧ KFD（カウンセリング後期）

るようでもある。

⑨ KFD（カウンセリング終結後）

カウンセリング終結後5年後に描いた。背を向けて料理をしている母親像は，母との同一化に葛藤するミキの心理の投影との見方もあるが，母と少し距離をとり，母を見守る姿ともみてとれる。左上部の小さな家の前には結婚した弟夫婦像が立っている。5年の間に家族構成も変わり，ミキをとりまく環境も変わったが，アンビバレントな母親への感情は続いているようでもある。自己像が大きく安定的に描かれ，ミキの自己肯定感や自信回復が推察される。

(3) KSD（⑩，⑪，⑫）

⑩ KSD（カウンセリング中期）

バレーボール場面である。ボールを投げる行為は攻撃性の表現という見方もあるが，「ネットの向こうの友人や先生にトスするところ」と説明され，ミキの手のすぐ先にあるボールは，むしろコミュニケーションを求めているようにも感じられる。対人交流への積極性が感じられるが，一方ではネットを使った障壁を用いて，ミキが友だちや先生との直接の交流を避けようとしているとも推察される。

⑪ KSD（カウンセリング後期）

教室での授業風景を描いたのは初めてである。自分は一番後ろ席で，他の学生たちとは別の方向を向いている。周囲と同一化はできないが，背後から全体を見渡しているようでもある。正面の先生像の横に描かれている非常口

⑨ KFD（カウンセリング終結後）

⑩ KSD（カウンセリング中期）

⑪ KSD（カウンセリング後期）

は，いかにもミキの逃げ道でもあるようだ。初めての授業への参加場面であることや，その印象からも学校場面への適応の感じられる絵でもある。

⑫ KSD（カウンセリング終結後）

カウンセリング終了5年後に描かれた。授業場面であるが，それまでのKSDとは違い，教室の友だち像や先生像との間には机も椅子もなく，障壁はとりはらわれている。自己像も友だち像も同じように背面に描かれ，黒板の方向に前を向いて同じ行為をしている自己像は2番目に描き，前回のKSDでは最後尾に描かれた自己像は前列の中央に位置している。全体として，これまでの学校の絵にみられた重苦しさもなく，緊張感も薄れた光景と思われる。

⑫ KSD（カウンセリング終結後）

(4) K-HTP（⑬，⑭，⑮）

⑬ K-HTP（カウンセリング初期）

精神病理も視野に入れながら食症状に対応していた治療初期に描かれた。PDIではミキは「この絵のストーリーは，人は私で，家に帰らずに考え込んでいるところ。くよくよしている」と語った。さらに，「木はこれから大きくなろうとしている」「家は自分の家だけど入れない」「やせ細った人は自分で，家に背を向けて背を丸めて俯いて立っている」と付け加えた。木には根が描かれ，樹冠の左側から新芽が一つ出ている。家には出入り口も窓もない。エネルギーの低下した人物とやせ細った木は，拒食でやせ細ったミキの姿の投影でもある。現実離れした大きな足が細い身体を支え，広がった根が細木を支えており，ミキの安定感がうかがわれる。寂しい印象だが，病理性はみられない。

⑬ K-HTP（カウンセリング初期）

⑭ K-HTP（カウンセリング中期）

「人は私で家に入れない。切り株に座ろうか悩んでいる」と語った。前回⑬のやせ細った人物に比べてふっくらしている。入り口のない家からは，家庭として機能しない，子どもにとって依存できる場所ではない家族や家庭がうかがわれる。用紙の右側隅に描かれた切り株は，自分の力ではどうにもならないと思う心的な外傷体験を示唆する。しかし，切り株の右方向に描かれた「ひこばえ」は自我が傷つけられたと感じながらも，無意識のうちに再出発しようとするミキの，これからの適応性を示唆するものでもあろう。さらに，太くて重なりあった根は，根の存在を明白に示し，自分を切り株に同一化し，再出発の可能性を示唆するものである。木の成長志向性や，人物像と木の根の安定感からは，ミキの健康な一面が期待される。

⑮ K-HTP（カウンセリング後期）

大学に再入学した頃のK-HTPである。「私は家の修理をしている。誰かがプレゼントを運んで来たけれどそれが誰かはわからない」と説明する。家の中の透明性は病理性のサインとの見方もあるが，むしろ電灯からは温かさが，ガスコンロからは現実観が感じられる。家の修理は，ミキが家庭や家族を再生しようとする姿そのものとも推察され，プレゼントは外部からの支援のようでもある。屋根の上の自己像はいかにも不安定であるが，家と人と木の統合度やそのエネルギーからは，ミキの回復が推察される。

木は，それまでにミキの描いたK-HTPの木に比べて太く変化している。PDIで「りんごの木，若い木，庭の木，どんどん大きくなれ

⑭ K-HTP（カウンセリング中期）

⑮ K-HTP（カウンセリング後期）

ばいいな」と語り，ミキの自己成長とエネルギーがうかがわれる。用紙の右隅に半分はみだしたもう1本の木は「家の裏にある，森の木」と語った。

事例3

# 事故による中途障害の受容と生き方探しに苦悩するアズサ

## 事例の概要

　本事例は，中学2年で不登校になったアズサがその後のさまざまな困難に直面しながらも，カウンセリングを通して回復した過程とその描画である。中学3年の夏にアズサは交通事故にあい，意識不明の重体から奇跡的に回復し，その後の長い闘病生活やリハビリを経て進学の夢を果たす。アズサが献身的に介護した母親の死やさまざまな困難を乗り越え，また自分自身の中途障害を受容し，自分探しから自己確立していく過程である。

　生育歴，家族構成等：父，母，アズサ，妹の四人家族。アズサは1か月早産の未熟児で生まれ，1歳半から小児喘息が現れるが，小学生からは発作もほとんど消失し，その後は元気に育った。両親共働きで，父親は夜勤が多く，母親は早朝からの仕事が多いため，日中はほとんど姉妹だけで過ごす。朝は母親が出勤先から電話でアズサと妹を起こすが，アズサはそれからまた寝てしまい，次第に学校を休みがちになる。食事は姉妹で買って食べることが多く，最低限の家事はアズサの役割となる。アズサの不登校の後，妹も不登校になる。

　不登校の経過：不登校の直接のきっかけは，クラスでの人間関係のトラブルから孤立するようになったことである。家庭基盤の脆弱さなどから生活習慣の枠組みの緩みや無気力状態が続いていた。3か月ほどの不登校を経てアズサと母親が中学2年の1学期にCoに来談する。

　性格特性：性格は，一見男性的でくよくよしないタイプにみえる。アズサは傷つきやすく他人の言動に敏感に反応する。学力は中位だったが徐々に学習意欲が薄れる。スポーツが得意で小学3年から地域のソフトボールチームに入る。体格はがっちりし運動能力は突出し男子顔負けである。父親は一見穏やかにみえるが，家では短気で情緒的なやりとりが苦手であり，とくに不登校の初期のアズサをよくなぐった。母親は身体つきや性格は男性的で，仕事に追われ，家事には手がまわらない。

　以下に事例の経過と用いられた描画法を記す。

## 事例の経過

### 〈第Ⅰ期〉今の"自分"を見つめ直す時期

〔中学2年2学期〕

　《面接開始－適応教室へ》（内面の変化，学校との連絡調整）：次第に対人緊張が和らぎ，数回の面接の後，適応指導教室（20名程度の小集団：以下「教室」と記す）へ入級する。アズサや教室の希望もあり，カウンセリングは継続し，Coが教室の指導員への助言等も行うなど，教室でのアズサの支援態勢を整える。当面は目標設定を高くせず身近な興味づけなどから学習に誘い，アズサは関心を示しはじめる。入級後まもなくKFD①とKSD④を描く。Coはアズサの内面を受容的に支え，教室の指導員を中心にした個別の教科指導や小集団での対人関係援助などの教育的支援を行う。

〔中学2年2～3学期〕

　《対人関係の変化》：次第に教室の仲間との会話も広がり，アズサは同学年のミドリと親しくなる。自暴自棄になっていたアズサが，面接で進路への不安や登校への希望を語りはじめる。学校と連絡をとり担任の教員と何度か面談して，

アズサの不安を理解しての適切な対応を依頼する。まずは学校が学校教育の枠組みや社会規範を重視する立場から，アズサを無気力怠学傾向と決めつけていることに対して，Coはアズサの潜在能力を信じながら，アズサやその家族力動を理解することを学校にも求めていく。学校のアズサ理解がすすむにつれ，アズサの教師への抵抗感も次第に薄れ，アズサも学年末考査を教室で受けることを希望する。

〈第II期〉学校復帰を試行し，進路を考えはじめる時期

〔中学3年1～2学期〕

《カウンセリングでの進路相談》：本人の希望で4月始業式に登校しクラスに入るが，学級集団への強い抵抗感が続く。登校への切迫感と脆弱な自我との葛藤がうかがえ，学校へ連絡をとり，別室登校の受け入れ態勢を整え，アズサもほっとする。

《高校進学への思い》：高校進学への思いが次第に高まるなか「これだけ休んだからもうだめだ」と絶望感。〈いろんな方法を探していこう〉に，希望をもち直す。〈できることからひとつずつ〉に，昼夜逆転生活の立て直しをはじめる。

《担任につなぐ》：担任とのコンサルテーションを重ね，担任のアズサ理解が深まり，拒否していた担任にアズサは会う。週1回の担任の教室への訪問を受け入れ教科指導も受けはじめる。

《母子関係の変化》：適宜母親面接を行い，母親はアズサへの養育態度を見直しはじめる。アズサの気持ちを受けとめ，内面の弱さや不安感を理解していく。希薄だった母子関係に徐々に変化がみられ，母子で買い物に行くなどの行動もみられるようになり，「私とお母さんは親子というよりは友だちみたいに仲がいい」などと言い，アズサもそれを喜ぶ。この期に，KFD②とKSD⑤を描く。

〈第III期〉交通事故に遭遇し，その後の回復の時期

〔中学3年2～3学期と卒業後のリハビリ〕

《交通事故で意識不明から回復へ》：中学3年夏に交通事故にあう。頭部外傷で意識不明が続き，3か月目に意識が回復した。事故後はアズサの幼少期から外で働き続けてきた母親が，仕事を辞めてアズサの看病に専念する。

《意識回復後の面会》：意識回復後初めての面会で，まだ言葉の話せないアズサは，Coにボードに「コウコウハ（高校は）」と一文字一文字指す。Coは今後の教育機会のことなど教育的支援の必要性を痛感する。

《母子だけの時間を共有》：アズサの誕生以来初めて母子だけの時間を長く共有する。この頃の母親のアズサへの接し方に変化がみられ，その言動からは強い母性性を感じる。病院で中学卒業証書を受け取り，母親がCoに涙ながらの感謝を伝えられる。

〔中学卒業からの2年間〕

《中学卒業後のリハビリと進路》：母親の献身的な看病もあり，翌春には本格的なリハビリを開始する。車椅子移動は可能になるが，自力の起立や歩行は困難で，言語や聴覚障害も残り，知的レベルの低下もみられる。入院生活のアズサからCoへは主に電話での相談が続き，不安定な環境でのアズサを支え守るには，その援助が不可欠と判断し，環境調整をしながらアズサの支援を継続する。

《母親の入院》：この頃母親の体調に異変が生じ，父親だけには病名と余命わずかと聞かされる。

《友人の励まし》：Coからの依頼に友人ミドリが気持ちよく応じてくれ，手紙や電話でアズサを励まし続け大きな支えになる。

〈第IV期〉念願の進路の高等部入学と施設入所

〔養護学校高等部1年〕

《施設入所》：母親の入院で，母親による介護が困難になり，アズサは周囲のすすめで肢体不

自由児施設を利用することになった。障害への否定的感情は強いが，高校進学の希望はもち続け，アズサ自身の選択で中卒後2年を経て，養護学校高等部に入学する。アズサは高等学校進学ができたと喜ぶ。事故後初めて試みた描画は，KFDとKSDともに描けない。

《担任の相談継続》：入学後も本人の希望や新担任からの依頼で不定期ながらCoとのカウンセリングは継続し，学校コンサルテーションや担任からCoへの相談にも継続して応じる。学校もアズサの心理的支援をしながらの教育的支援に取り組む。

《身体機能の障害》《不適応行動－行動抑制欠如》：アズサは事故後，身体障害だけでなく，行動パターンにも異変を示す。施設での行動抑制のきかない不適応行動も顕著になる。頭部外傷後遺症との関連について，病院はもともとのアズサ自身の性格特性が強く出たものと思われ，とくに病理的ケアは必要なしという判断で，Coは医療との連携のもとで心理的支援を継続する。この頃は障害への否定感情や劣等感が表面化し「私は歩けない。私は悲しい障害者」などとCoに繰り返し，Coはさまざまな方法で，アズサの自己肯定観につなげるよう努める。

《母親の死》：1年の闘病の末に母親が亡くなり，「助からない病気だったから」と事実を冷静に受けとめようとするアズサの今後をどう支えていくか，Coは学校や病院と相談し連絡していく。母親の死後，父親は休職し，アズサの介護に専念する。

〔高等部2年〕

《学校コンサルテーション》：アズサへの具体的対応や中途障害の問題などについて，Coがアズサの学校でのコンサルテーションや担任への助言などを行いながら共通理解をはかる。これらを通して，Coが核になりながら，教師や病院と連携協力を統合的にすすめていく。

《施設からの抜け出し》：アズサは二度施設を抜け出し，自力で自宅に帰ろうとするが失敗する。周囲からの叱責に，手首を切るが発見が早く助かる。病院を見舞ったCoに「母親のいなくなった家が心配でどうしても帰りたかった」と言い，Coからの入学祝いの小さなオルゴールが血だらけになって血がとれないと何度もふき取ろうとする。アズサの母親喪失感や内面の混乱を今後家庭や周囲が心理面を中心にどう支えるかの課題を考えていく。

《病院（施設）の受け入れ拒否》：この問題行動により，施設側が受け入れ拒否の意向を示し，学校，病院，施設の調整は難航する。Coはアズサの内面を支えながらの，アズサの強い希望である学校継続の道を探り続け，父親の付き添い登校など応急的対応でかろうじて学校継続する。その間，Coは学校，病院，福祉など他機関との連絡を緊密にし，教育と心理さらには医療との統合的な連携のつなぎ役となり，それぞれの立場が有機的に機能し，アズサの教育機会が実現する。

〔高等部3年〕

《自分探しを始める》：父親の親身の介護などで父子関係も次第に深まり，信頼関係も芽生える。施設の抜け出しやリストカット以後，アズサはふっ切れたかのように母親の死を受けとめ，障害のある自分を知って自分を生かせる今後の生き方を主体的に探しはじめる。事故後主張し続けた宇宙飛行士やカーレーサーへの夢が現実的に変化し，せめて車を作る人になりたいと数学や理科の学習に積極的に取り組みはじめる。

事故後3年目に，KFD③とKSD⑥を描いた。

### 〈第Ⅴ期〉高等部卒業後の自分探し

〔養護学校高等部卒業後〕

《不登校の振り返りと中途障害の受容》：高等部卒業後1年目に届いたアズサからCoへの手紙の一部を記載する。「あの頃（不登校の頃）は，身体は元気なのに力が出なかった。今は，

どこから見ても私は障害者。だけど車椅子バスケットができるようがんばりたい。大きなケガでカーレーサーはあきらめたけど，今は車を作れるように勉強したい。先生にはずっと心配かけてほんとにごめんなさい。やっぱりこれからも助けてほしい」

《障害の受容と自立への第一歩》：その後リハビリを続け，両杖での歩行が可能になり，家の近くを散策できるようになったアズサは，近くを歩いては，たくさんの手紙や俳句を Co に FAX などで届けた。高等部卒業から3年目に届いた手紙のほんの一部を紹介する。「先生，アズサね，今日○○行ったの。それでね，またしても俳句考えたの。行く先でいろんな人に，手を引いてもらってる。……中略……。自分から声かけしないとね。一声『〜まで行きたいのですけど，どう行けばいいのですか？』聞く人を見る。誰でも声かけたらいいのではないのだぞ。俳句（この日の10句のうち一つ）【ほころんだ顔になることご存知か】」アズサは，自分の足で歩きはじめた。

## 事例を振り返り

アズサの抱える課題は，事故が原因の中途障害，思春期から青年期への心理的課題と事故後の精神症状，家族の問題，不登校期の発達課題，今後の自己確立を支える環境などさまざまである。高校進学などを目標に不登校からの回復過程でのアズサにとっての交通事故による中途障害は大きな挫折体験ではあったが，その後の障害の受容過程の心の作業を支えながら，適切な教育機会の調整や進路相談，さらには将来の生き方探しの支援過程は，カウンセリングを中核に，学校や医療などの連携協力なくしてはありえなかったと思われる。また，病院からの抜け出しや手首の自傷行為などの不適応行動の後のアズサの内面を受けとめ，心の回復作業を支援しながらの教育の場の確保など，カウンセラーの心理的支援を中核とした教育との連携などである。

アズサは不登校の回復過程での交通事故での中途障害の受容理解の過程で，その苦しい道程があったからこそ，それらを通してやっと大きく展開し，自己を再構築しはじめた。定期的な面接等の難しい中で，手紙や電話をするなどして，ある時は友だち関係をつくり支えるなどの側面的支援や環境調整を行い，アズサの心の作業を手伝い内面を支え続ける一方で，アズサの現実対応を支援していった。そのためにカウンセラーが核となり，アズサをとりまく人々（家族，学校，病院など）の連携の調整役を果たした。また，母親の死後の父親への具体的方策の示唆や支援なども，家族支援として重要であった。心理，教育，医療のチームワークの連携や地域援助の重要性が示された。

アズサは，教育機会さえ失う危機に何度か直面したが，それを支え乗り越えたのは，心理的支援を適切に行いながらの教育的支援があったからであった。それは，たとえば，事故後の高等部入学までのプロセスであり，その後の継続したカウンセラーと教員との学校コンサルテーションなどの成果でもある。そしてこの事例を通して最後に，子ども支援は，直面する問題解決だけではなく，生きる道筋そのものの支援ではないかと感じさせられた。

アズサはたくさんの絵を描くことはなかった。とくに事故後の障害により，鉛筆をにぎるのも苦労するようになった。

その中でアズサが描いてくれた絵は，アズサの心の深層はもちろん，その感情や発達的側面をも示唆してくれる貴重なアセスメントの一つとして役立った。

また，その描画の過程で得られる新しい洞察が，アズサの内的発達につながり，アズサを健康へと導く過程が示された。

## 描画の解釈

### (1) KFD

#### ① KFD（カウンセリング初期）

アズサは食事中、父親と妹は一緒にテレビを見ている、母親は帰って来たところといった家族成員の別々の行為からは家族相互の交流の乏しさがうかがわれる。また、顔のない人物からはアズサの自己否定感や個々の人物への否定的感情がみてとれる。さらに、自己像と母親像との間の机のつい立てを使っての障壁、父親像と妹像はソファーを置いての母親像との障壁、自己像を区分する椅子は、家族の感情的隔離やアズサの孤立感が投影される。母親像と自己像の間の障壁の一方、その距離が父親や妹よりも小さく、アズサの母親への愛情のアンビバレントな心情がうかがわれる。最初に自己像を描き、家庭内でのアズサの自己主張もみられる。全体として筆圧は弱く、エネルギーは乏しい。

① KFD（カウンセリング初期）

#### ② KFD（不登校回復期）

前回①では別々の行動だった家族が一つのコタツに入り、人物像間の区分化もみられず、家族の疎通性が感じられる。顔に表情が描かれていることなどからもアズサの自己や他者への肯定感など、心的世界が次第に再構成されているかのようにも思われる。アズサの隣には母親が描かれており、母との心の交流がみられる。前回の KFD ①では、外出から帰宅し唯一外との交流後だった母親像はこの絵では、家庭内でもっともリラックスしている。

② KFD（不登校回復期）

③ KFD（事故後）

事故後2年目に試みたKFDは描けず，これが事故後初めてのKFDである（3年目）。最初に自己像を，次に妹像を描いた後なかなか描けずに考え込んだあと，描きはじめた父親像は，スカートをはいた女性的な絵である。アズサはこれが父親だと断言したが，亡くなった母親がいかにも置き換わったかのようである。この女性の容姿をした父親像に片足が描かれていないのは意味深い。自己像では，障害の残る片腕の途切れた線ともっとも動きにくい手首から先の欠損，頭部外傷の後遺症をかかえるアズサの後頭部の偏平な描写などからは，身体的ハンディや障害をもつアズサの自己認知との関連が推察される。自己像の足首から先は描かれず，自分の足で立てない自己の投影であろう。活発に高校生活を送る妹像のみ全身が描かれている。後遺症としての認知の問題など，全体として今後の展開を慎重に検討していくことが必要と思われる。

③ KFD（事故後）

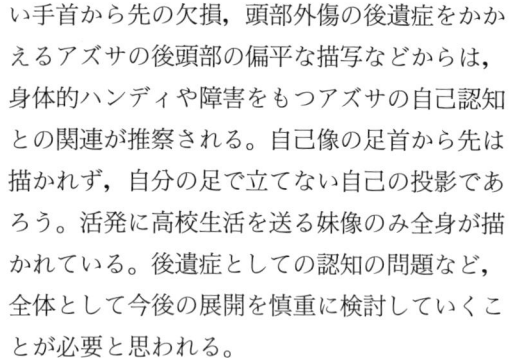

(2) KSD

④ KSD（カウンセリング初期）

学校は在籍校ではなく適応指導教室で，先生像は描かれず，自分と友だちがおしゃべりしている場面である。適応指導教室というフリースペースにおける，学校から解放された友だち関係の安心感がうかがわれる。小集団での適応が徐々にみられ，次の展開が期待される。

④ KSD（カウンセリング初期）

### ⑤ KSD（不登校回復期）

昼夜逆転など不規則生活や無気力状態から次第に適応指導教室という小集団に入りはじめた頃のKSDである。自己像を最後に描き，先生像にだけ顔が表現されている。生徒像には顔がないことや，いかにも威圧的な先生像の表情や姿勢などからは，いつも叱られていた先生への脅威や学校に対するアズサの緊張感や強迫観念がうかがわれる。このKSDでは，初めて学校場面が描かれた。

⑤ KSD（不登校回復期）

### ⑥ KSD（事故後）

KFD③と同時に誘った学校画は描けず，事故後の学校，病院や施設での不適応行動やあらたな人格的問題などたび重なる困難に直面したアズサの，心的葛藤が推察される。

その3か月後にこのKSDを描いた。アズサが将来の夢を託しているバスケットボール場面である。KSD⑤では最後に描いた自己像を最初に描いたこと，2か月前のKFDよりも活動的であること，先生像も描かれ友だち像との交流もみられることなどから，アズサの内面の回復がうかがえる。KFD同様に障害の右手が描かれていない。この絵を描いた後，はじめて「車椅子バスケットをやってみたい」とアズサは話した。

使用された描画法は，Coのアズサ理解を助け，そこにはアズサの心の変化が投影されていった（①～⑥）。また，KFDからは家族像が，さらにKSDを組み合わせることで，アズサの学校像さらにはアズサの全体像が見え，学校との環境調整にも役立った。

⑥ KSD（事故後）

## 事例4

# 対人関係困難や神経症状を訴え続けた不登校のアイ

### 事例の概要

アイは，学力優秀な模範生である。中学1年の3学期に不登校となり，その後も対人不安や対人関係困難を訴え続け，神経症状を呈した。「私のような，人を信じられない人間が生きていても意味がない，消えてしまいたい」と訴えた。登校を誰よりも試みたアイだが，結局進学した高校も退学し，その後苦労して入った大学も進路変更し，転職を重ねて何度も生き直しを試みた。成人してCoを訪ねたアイは「周囲から不登校が許されて初めて生きることが許されると思った」と語った。不登校からの回復は，生き方探しの道のりであった。

**家族構成**：父，母，兄（大学生），アイ（中学2年生）

**生育歴**：父親は社交的で積極的な性格。母親は神経質で内向的な性格で，何事もまずはアイの気持ちを尊重するが，後になってその結果をくよくよ後悔する。兄も努力家タイプ。アイの性格は，几帳面で融通性がなく頑な。悲観的で学習や生活態度への強迫傾向がみられ，自己不全感からの落ち込みも激しい。

**相談受理までの経過**：中学1年の2学期末から断続的な微熱が続く。3学期学年末考査終了後から休みはじめ，3月にいったん登校するが，そのときの誰かの言葉が気にかかり，周囲が自分の悪口を言っていると悩み再び全欠。2年始業式から再登校するが，すぐに休みはじめる。その後2年3学期はじめに適応指導教室（以下，「教室」と記す）に入り，Coとのカウンセリングの開始。週1回の本人面接と適宜の母親面接を行う。以下にアイとのカウンセリングの経過を記す。「　」はアイの言葉，〈　〉はCoの言葉を表す。

### 面接経過

〔中学生期〕

**〈第Ⅰ期〉不登校が続き適応指導教室に入級する時期**

中学2年3学期，初対面でのアイは表情の暗いのが印象的であった。2回目の面接でKFDとKSDに誘った。このときアイは，KFD①を描いた後かなりの時間考え込んだ末，どうしてもKSDは描けなかったが，その1か月後にKSD②を描いた。

教室でも，学習面でアイは，自主的に計画を立てわかるまで質問して解決する。また，清掃や調理実習等では誰よりも積極的に働くが，怠ける人を許せないという生真面目さと柔軟性のなさがアイ自身を苦しめる。中学3年5月面接で「本当は高校に行きたい。でも登校拒否の自分が合格するとは思えず，誰にも言えなかった」と絞り出すように話す。B高校に進みたいこと，不登校の自分の内申書や出席日数の不安を打ち明ける。進路に関してアイを不安にし，自己決定を悩ませている点への具体的な対応策を学校と連携する。アイには，出席日数は通級できていることで，内申は結果だけでなく努力した過程が大切だから，心配しなくていいこと，授業は出られなくても提出物だけでも出してみるなど，自分にできることからやってみる方法などを助言する。「それならできるかも」という言葉とともに，アイの表情が和らぐ。不安の解消とともに，学校側の対応を緊密に連携する。

この頃，中学3年の活発な女子2～3名の入級があり，その動きが気にかかりその子たちの教室での大声の会話や活発な行動に不快感を示す。

〈第Ⅱ期〉対人関係不安やテスト不安を訴える時期

〔対人関係不安〕

中学3年2学期，ますます活発化する彼女たちの行動に耐え切れず，

アイ：「勉強も手につかない。苦しい」

と打ち明ける。

アイ：「彼女たちが規則を守らないこと。大声を出して勉強の邪魔になる。彼女たちが自分の悪口を言っている。気になって勉強も手につかない」

Co：〈人が自分を注目していると思うのは自分がその人を注目しているのね。気になるのは自分と違う相手だからかな〉

アイ：「どうしても気にしないでいることはできないんです」

Co：〈そうなんだ。気になる自分ともつきあってみてはどう？〉

アイ：「そんな自分でいいの？」

Co：〈そうよ，まずは大切にして〉

アイ：「その人たちの心の苦しみもわかるんです」

と，相手を理解しようとする気持ちを初めて言葉にする。

〔テスト不安〕

面接後はうんと回復するが，しばらくするとまた涙ながらに訴える。どうにか中間考査は受け終えたものの，期末考査が近づくにつれて，顔色にも一層生気のない今にも崩れ落ちそうな落ち込みと苦悩が深まる。また，頭痛や嘔吐などの身体の不調も顕著になる。

〔自殺念慮〕

アイ：「どうしても勉強が手につかない，教室でのことが忘れられない。苦しい」

Co：〈落ち込む私も気になる私も本当の私なんだから，どの私も好きになって大切にして〉

アイは，何度も「死にたい」と訴える。

アイ：「死にたい」

Co：〈辛い気持ちはよくわかる。でも絶対に死んだらダメ。先生は今すぐでもアイに会いたい。今日だめなら明日必ず会いたい〉

アイの気持ちの立ち直りの手ごたえを得てから，Coは電話を切る。その日その日をつないで生きた。アイは，必ず翌日会いに来た。こうした状況への危機介入は，相談室の治療契約では，限界があり，また，時間外の電話については，緊迫した状況の中では，頑なに規則や枠組みだけでは対応しきれない状況と判断し，特例的に受け入れた。状況が落ち着きはじめると，アイのほうから最初の契約どおりの枠組みを守る状況に戻った。

「やっぱり高校は行きたいから」と言い，期末考査も学校で受ける。好結果を得たアイは，緊張感や不安感も次第に薄れ，明るい表情も出るようになる。

〈第Ⅲ期〉気持ちの立ち直りの時期：テストを乗り切り，対人不安も軽減

中学3年3学期，高校進学のためのハードルとアイが考えていた定期考査や実力考査をなんとか切り抜け，次第に安定感をみせはじめる。身体の不調も軽減する。1月からは土曜の別室登校を始める。小集団でのアイの神経症状は，今後の社会適応への不安を残すが，自分で見極めながらの歩みを支える。アイの内面への支援は続く。受験校が決まり，教室での学習支援も続ける。第一志望校に合格する。この期にKFD③とKSD④を描いた。

〔高校生期と大検〕

〈第Ⅳ期〉高校入学後，再び不登校に：カウンセリングの再開と中学時の不登校を振り返りはじめた時期

高校1年，アイは，第一志望のB高校に入学し休まず元気に通学しはじめる。遠距離通学で

もあり，カウンセリングはいったん終了する。新学期に自ら立候補して学級委員長になり，「勉強にもクラブにもがんばり，友だちもでき結構学校は楽しい」という連絡をくれる。夏休みにも何度か会いに来て，学校生活についても明るく話す。

高校1年の10月に「先生，相談があります」と緊急に来談したときにはかなり深刻で，表情も落ち込んでいる。登校の意欲に反し，身体症状（発熱，頭痛等）が繰り返され，葛藤の末ついに欠席状態ということ。委員長にもなり，クラスメートとの関係にも積極的に取り組むがうまくいかず，無我夢中で登校しても学校での身体症状がコントロールできず，ついに休みはじめた。こうしてアイの自主来談という変則的な形での面接が再開。その後，週1回程度の面接が続く。

〔中学生期の不登校の振り返りの作業——その心理機制と性格特性〕

アイ：「もう学校はやめる。もう学校は私には合わない。だからやめるしかない」

Co：〈やめるのは今でもできるけれどいつでもできる，このままやめてもいいの？〉

Coはこのとき，多少の介入も必要と判断した。それは，中学期のアイの落ち込みや閉塞感に比し，今のアイのエネルギーの違い，身体症状をともないながらも閉じこもらず自分からのSOSの発信などからでもある。

Co：〈このままやめるのは，自分の何か大切なことをやり残してしまわないだろうか〉

アイ：「大切なことって？」

Co：〈この時期にしかできない自分と向き合わなくていいの？〉

アイの気持ちに添いながらも，積極的に介入し，やめる気持ちの背景にある"アイの自己"について，問題提起していく。登校への強い希望はありながらも現実化できない背景にある性格特性について，アイの自己理解をすすめる支援をしていく。自己表現が下手で他人とのかかわりに不安をもち，他人や自分に対して気にしすぎる。神経質で，友だちの言動がいいかげんだと許せない。情緒的混乱からの微熱など心身の変調。問題によっては気持ちの切り替えが円滑にいかない。それらからくるテストや評価に対する過度の不安と緊張。アイ自身がこれらとどうつきあっていくかという課題である。

次第に，アイは，中学で学校を休みはじめたときのことやその後の経過を振り返る作業をしはじめる。友人関係に悩み，周囲への被害感と不安，そうした自己不全感等，今と中学期の共通点にアイ自身が気づきはじめる。

アイ：「やっぱり私は学校には合わない」

Co：〈合わないのは何？〉

アイ：「合わせようとすればするほど苦しくなる。合わないのは，自分の気持ちで決めていないからかもしれない」

Co：〈学校が合わないって，どんなこと？〉

アイ：「学校っていうよりは，その中で決められている理想や普通さみたいな感じ」

Co：〈自分で自分らしく決められるところならやっていけるの？〉

アイ：「そういう気がする。だって，ほんとうは学校にも行きたいし，勉強も捨てられない」

〈第Ⅴ期〉自分探しを始める時期

〔高校休学から退学へ〕

今後の生き方探しについて自ら語りはじめる。「お母さんにまた迷惑かけることが一番気がかりだったのに，今度はお母さんがわりと落ち着いている」「今までは，自分に無理してた」「自分を知ってその自分を生かせる生き方を探したい」と話す。

〔高校進学への振り返り〕

アイは，高校進学の選択についても，振り返る。

アイ：「希望の高校に進学できたことは何よ

りも自分にとって良かった。なぜならまず自分が認められたこと，休みだしても今でも心配して電話をくれる友だちにも巡り合えたこと，そして高校生としての学校生活を経験できたこと」
と話す。

その後アイは，大検（現高卒認定試験）予備校に通ってみたいと語る。そして，高校の担任からも何度かCoに相談があり，担任のアイの学校復帰を願われる温かい思いが伝わる。アイは担任に会い，大検予備校に通ってみたいと話す。そして，次の居場所を確かめるかのように通いはじめ，感触を得て学期末に休学手続きをとる。アイは，自分が何をしたいか，何ができないかを見つけていき，与えられたものでも家族に無理矢理合わせたものでもない，自分自身で選択した道を歩みはじめる。予備校通学も定着し，高校は学年末に退学手続きをとる。

〈第Ⅵ期〉自己確立へ歩みだす時期
〔高校退学から大検合格，そして大学合格〕

アイは，17歳で必要科目を取得し終える。この頃には，「先生，もう迷わないと思う。今の私が本当の私」と話す。「高校では無理をしていた。今の学校では友だちも心が通い合うし，初めて自分らしく生きている」と話す。今後克服していくであろう対人関係の課題を残しながらも，目標に向かって歩み出す。その頃描いたのがKFD⑤とKSD⑥である。

そして，19歳の春，希望していた心理学の勉強のできる大学に合格する。その後届いた手紙には「先生に苦労かけた高校はやめてしまいましたが，あのとき先生が最後まであきらめずに私を信じてくださらなかったら，あのとき高校生にならずにじっとしていたら，大学生にはなっていなかったし，今の私はなかったと思います」などと書かれていた。

〈第Ⅶ期〉再び振り返る時期
〔大学入学以降〕

アイは希望の心理学系の大学入学を果たし，大学生活を順調に続けていたが，2年生の後期に「自分には心理の勉強をするのが辛い」と言って進路変更し，福祉系の学部に編入した。

その後，カウンセリング終結から10年後に，Coを訪ねて来たアイは，すっかり大人の女性になっていた。そして，不登校からの10年を振り返って語った。アイは，「10年経ってようやく先生（Co）の言ってくれていたことがわかった。それは，先生はいつも，自分の苦手なもので生きていかなくてもいい，得意なものや不得意でないものを少しだけ使って生きていけばいい，と言ってくれた。私は頭の中では，いつもそうだそのようにしよう，と思った。でも気がつくと，いつも苦手を克服しようとばかりしていた。学校も仕事も，そうやって決めていた。10年経った今，ようやく先生の言っていたことを私は実感としてわかったように思う。人との関係のもっとも求められる立場や仕事を選んでは，失敗していた。大学卒業してからしばらくして，自分は人とは関係がもてないと，引きこもりのようになったこともあった。でも最近ようやく，人とのかかわりは自分の余力だけでいいと思い，そうした仕事や生き方ができるようになって，肩の力を抜いて生きていけるようになった」と語った。さらに「先生（Co）に，〈不登校のままの自分でいい。不登校のアイが大事〉と言われたとき，初めて『生きていてもいい』と言われた気がした」と語った。

思春期・青年期にしばしばみられる対人関係困難のケースの予後は，必ずしも平坦ではない。何度も人とのかかわりに挫折を繰り返しながらも，こうして自分にあった生き方を見つけていく，そうした過程の支援が必要なのだと感じた。アイは，たくさん描画を描いた。アイは，描きながら自分を知り，新しい自己を形成していった。それらの中から，計6枚の，KFDとKSDとその解釈を以下に示す。

## 描画の解釈
### KFD と KSD の変化
① KFD（カウンセリング初期）

　父母兄像ともに背面で描かれ、家庭や家族成員に対するアイの否定的感情がうかがわれる。母親像、父親像、兄像、自己像の順に描き、これは親しい順という見方もできるが、母親への関心の強さが推察される。とくに、息苦しそうに小窓に顔を向ける母親の姿は、緊張や不安の高さや不適応感を示唆している。また、子どもの不登校に悩み家族からも孤立する母親の姿が表されている。母親像の人物下線がその一層の不安定感を示す。自己像と母親像との距離は一番遠いが、その視線は母親のほうに向けられ、アイの母親へのアンビバレントな感情が示唆される。何もない食卓からは愛情の不充足感が、各人物像の塗りつぶしからは家族の憂うつや不安定感がみてとれるが、全体としては家族成員間の乏しいコミュニケーションがうかがわれる。同時にKSDに誘ったが、アイはこのKFDを描いた後考え込んだ末に描かなかった。学校に対する不安感や防衛の強さが推察される。

① KFD（カウンセリング初期）

② KSD（カウンセリング初期）

② KSD（カウンセリング初期）

　KFD①の2か月後に初めてKSDを描いた。最初に先生像を描いたあと続けて自己像を描き、その後友だち像を描いた、アイの自己存在の主張がうかがえる。「みんなでボーッとしているところ」と説明し、未来を自分一人ではなく、先生や友だちといっしょに見つめているようでもある。先生像の下に塗られた黒い影、三人の生徒像の下に連らなって塗られた黒い影からは、アイの不安や防衛が示唆されている。人物像の真っ黒な塗りつぶしからは、アイの不安や否定感がうかがわれる。

## ③ KFD（カウンセリング中期）

鳥瞰図的な表現からは，家族から距離をおいた見方や，防衛的で家族成員間の相互交流はあまり感じられない。前のKFDにはなかった食卓上の食物が，家庭内の温かさや愛情欲求を感じさせる。母親像はただ一人食卓にはつかず孤立的だが，家族に食べ物を運ぶ姿に，家族とのコミュニケーションや母性性がうかがえる。右上の電灯は，アイの家族の温かさや愛情への欲求を象徴し，家族の今後の明るい展望を示唆する。父親像，自己像，兄像，母親像の順に描かれ，母親への関心度が薄れているともみられるが，自己像は母親像のほうへ向いており，アイの母親への特別の関心がうかがわれる。また，左上方に区分され描かれたアイの勉強机からは，学習への不安やその要求水準の高さが示唆されている。

## ④ KSD（カウンセリング中期）

前回描かれた陰影や塗りつぶしもみられず，「自分や友だちや先生が立ち話をしている」光景である。友だち像，自己像，友だち像，友だち像，先生像の順に描かれ，強い自己主張を避け，友人関係を円滑にとりたいというアイの思いが推察される。先生像を，友だち像よりも少し離れて，最後に描いた。これまで先生という目上の人との関係に頼っていたアイが友人関係を中心に描いた点が興味深い。右上に描かれているドアが，対人緊張や不安から，アイが逃避できる補償的な存在のようにもみられる。自己像と他者像との間に障壁はなく，むしろ友だち像と身体接触さえみられる描写からは，防衛のとれたアイの内面が投影されている。

③ KFD（カウンセリング中期）

④ KSD（カウンセリング中期）

⑤ KFD（カウンセリング後期）

　これまでとはうってかわった家族間のコミュニケーションや温かさが感じられる。これまでみられた塗りつぶしや背面はなく，鳥瞰図的な表現ではない。家族団らんの食卓には，多くの食べ物が並び，人物像に顔が初めて描かれ，いずれも明るく，母親像の表情やしぐさの明るさが印象的である。自己像の頭上のライトは，アイが自分の力で家族の温かさや愛情を得ようとしているとも解釈される。心的世界が次第に再構成され，適応が期待される。

⑤ KFD（カウンセリング後期）

⑥ KSD（カウンセリング後期）

　学校の授業場面とアイは説明した。アイが初めてリアルな学校場面を描いたのには驚いた。学校は「イメージ」と答えた。先生像の次に自己像を描き，教室内での自己存在感を主張しているようでもある。この絵でもっとも興味深いのは，教室のドア付近に置かれた「燃えるゴミ」と書かれたゴミ箱である。アイの過去との決別と再生をうかがわせ，興味深い。右上のドアは自然な出入り口で外との交流もみられる。左上の時計は放課後の時間をさしており，学校からの解放を求めるアイの思いが推察される。高校は退学したが，大検に合格し，通っている予備校の生活にも適応している時期に，アイは初めて学校の授業場面を描いた。

⑥ KSD（カウンセリング後期）

## 事例5

# 反社会的行動を繰り返した不登校のリョウコ

### 事例の概要

反社会的問題行動を繰り返す，不登校の女子中学生リョウコが適応指導教室でのカウンセリングを通して回復し自己実現していく過程である。カウンセリングにおける共感性に焦点化し，描かれた描画の解釈を示す。

　主訴：不登校，反社会的行動

　家族構成：母，リョウコ（中学3年生），妹（中学1年生）

　生育歴：5歳時，父親の暴力などによって両親は離婚し，その後，リョウコは親戚宅に転々と預けられたが，小学3年のときに母子三人の生活が始まる。リョウコは肥満を気にして，周囲の視線を強く意識する。母親は，リョウコの養育をもてあまし祖父母宅に預けたいと訴えた。母親は妹とは気が合い，妹は手元におきたいと話した。リョウコは妹にもけがをさせるほどの激しいきょうだいげんかをする。母親はリョウコには厳格で時には手をあげるが，妹には同情的である。

　相談までの経緯：リョウコは，小学校時，市内で三度転校し，転校を経験するたびに周囲になじめず，中学入学の頃から家庭内暴力等がみられるようになった。その後過食症になり，母子関係の問題から，一時保護で児童相談所に入所，そのときも母親の面会はなかった。リョウコは，次第に不登校状態となった。その後市外の学校に転校し，二～三人の非行傾向の中学生と知り合ってから生活態度が急変した。中学1年の3学期に反社会的事件（万引き，窃盗，恐喝等）があり，生活の立て直しのためにと，さらに市外に転居し転校した。ここでは登校しはじめたが，今度は不登校傾向の見えはじめた妹の転校の願いを母親が受け入れて，いやがるリョウコの気持ちはくみとられず転居となり，中学3年の4月に，相談開始時の中学に転校した。最初の3日間は教室に入ったが，その後教室に入れず保健室登校となり，翌5月にはそれもできなくなった。そのため，5月末に母方祖母が相談を申し込み，祖母と母で来談した。その後，適応指導教室（以下，「教室」と記す）に入級した。Coがリョウコのカウンセリングを担当した。

### 面接の過程

面接は11か月の間に45回実施された。セッションを#で示し，「　」はリョウコの言葉，『　』は母親の言葉，〈　〉はCoの言葉を示す。

〈第Ⅰ期〉（#1～#7）心の居場所探しの時期

初対面のリョウコの印象は，一度も人の目を見ようとせずうつむいていた。入級後しばらくは，教室に到着すると，人目を避けるように別室に入った。通級生とは誰とも言葉を交わさず，顔も会わそうとしなかった。バウムテスト①を施行した。「学校に行くのはまだ怖いけど，ここならちょっと慣れた」「学校は怖い」を何度も言った。リョウコとの面接から，幾度も対人関係や集団適応に失敗し落ちこぼれと言われてきた自信のなさからの予期不安が推察された。教室では，指導員による学習指導も行われたが，学習時間は1時間がやっとで，当面はリョウコのペースを守りながら，できるだけ受容的な個別支援を続けることとした。まずはCoとの一対一の関係づくりから，徐々にリョウコが肯定

的な関心を示す一〜二人の通級生との挨拶程度のかかわりを試みた。

**〈第II期〉（#8〜#21）対人関係の広がりと反社会的行動化の時期**

2か月ほど経過し、リョウコの行動に大きな変化がみられた。次第に心を開くかのように、別室から皆といっしょの教室に入るようになった。積極的に何人かの通級生と話しはじめた。面接では、「私はこれまでいつも人と話をするとボロが出てたから、ここに来たときも誰ともしゃべらないようにしていた」と話した。この頃、非行問題を繰り返していたL子の入級があり、最初リョウコは拒否的で対立的な態度をとった。しかし1週間もすると、どちらからともなく接近し、L子を中心にリョウコも含めた三〜四名の女子の行動が活発に行動化していった。自己コントロールのきかないその状況から、Coはリョウコとの面接でそのあらたなエネルギーを受けとめながらも、生活の枠づくりをしていった。具体的に話しはじめた頃夏休みに入った。リョウコと妹とのけんかに母親が耐え切れず、リョウコは母親の実家に夏休みの間預けられるとのことで、その間、面接は休みとした。

2学期が始まり、面接は再開した。夏休みに入り、リョウコは母親の実家にいたが、その堅苦しさに耐え切れず10日ほどで家に戻った。それからのリョウコは、L子たちと一緒に繁華街に頻繁に出かけた。結局、自宅の遠方だったL子は、親の判断で夏休み明けには教室を退級し、校区の学校に戻った。しかし、その後もリョウコのL子たちとの交流は続いた。

その日リョウコから面接の希望があり、設定した。

リョウコ：「先生えらいことよ」「絶対に言わないで」

Co：〈どうしたの？〉

リョウコはしばらく黙ってうつむいていたが、実は昨日近くのスーパーでL子たちと三人で万引きして見つかり、保安係に家を聞かれ近所の親しい食堂の電話を教えてそこのおばさんに迎えに来てもらったと話した。これまでにも、何度かスーパーや警察などから保護者への連絡先を聞かれるたびに、母親が迎えに行ったことは一度もなく、祖母などが行っていた。盗ったのは化粧品や小物、アクセサリーなどで、L子は口紅を数本とり、何万円分にもなった。

リョウコ：「絶対に誰にも言わないで」
と繰り返す。

Co：〈安心しなさい。あなたに黙って言うことはないから〉

リョウコ：「家にはもうわかってしまったけど、きっと学校にもわかる。そしたら二度と信用されなくなる」「まあいいわ、学校なんかどうせもともと信じてもくれないから」「先生どうしよう？」

Co：〈今自分から正直に話してくれたのは、事実を隠すよりも、もっと大切なことがあると思ったからじゃないの？〉

リョウコ：「よくわからないけど、一人では苦しいから」

Co：〈学校に信用されないのは辛いと思うよ。だけどそれもこれからが始まりじゃない？〉

リョウコ：「これからどうするかということ？」

Co：〈そうだね。今こそ、自分の気持ちをじっくり考えてほしい〉

リョウコはこれから自分がどうなっていくかということへの不安を語った。そして、Coはまずは行為の背景にあるリョウコの内面の問題をリョウコとともにたぐっていくことにした。母親に知らせなかったリョウコの内面やその母子関係にも取り組んでいくことにした。リョウコとの関係を保ちながら、一方では学校や社会という枠組みの中でリョウコが立ち直っていくための教育的介入も必要と考えた。

結局、母にも学校にもその情報は入っており、

学校でのリョウコへの指導も厳しく行われた。それをきっかけに,

リョウコ:「学校はやっぱり私を悪い子と思ってる。ほかにも悪いことしてるだろうってさんざん言われた。どの先生もみんな疑っている。みんなすごい顔で見てた。絶対に学校には行かない。二度と行かない」

と,何度も訴えた。リョウコはその後しばらくは学校のことには一切ふれなくなった。リョウコの学校不信を和らげるためにも,Coから学校にリョウコ理解を説明しお願いしたが,リョウコへの不信感や先入観は強く,リョウコの問題行動が見られはじめたことに,養護教諭からも「やっぱり出ましたね」という言葉が返った。Coはねばり強く学校との連携をはかっていく。リョウコがもう絶対に二度としない,とCoに自ら宣言したこともあり,リョウコにはしばらくはそのことにはふれずに,リョウコの言葉を信じていくことにした。

再びリョウコから予約外の面接希望があり設定した。

リョウコ:「迷ったけどやっぱり聞いてほしい。先生ごめ,約束破ってしまった」「L子らといっしょにスーパーに行ったら,欲しいもの持って帰ろうって言われて,断れなくて,髪飾りやブローチなんか小さいものばかりとったけれど見つからなかった」

Co:〈やめるって決めたのに断れなかった?〉

リョウコ:「……先生,ショック?」

Co:〈残念だよ。大ショックだよ。今も信じてるから,よけいにショックよ。もっと自分を大切にしてほしい〉

リョウコ:「ごめん,ほんとにごめん」

Co:〈今のリョウコさんの気持ちはそのとおりだと思うよ。それでいいと思うよ〉

リョウコ:「先生……」

Co:〈どうしたの?〉

リョウコ:「……ほんとはそれだけじゃない……。L子といっしょに高校生の女の子とかにカツアゲしかけたこともある。先生,もっとショック?」

Co:〈うん,ショック。だけど,それよりも話してくれたことのうれしさのほうが大きい。よく話してくれたね〉

リョウコ:「……」

Co:〈ほんとによく話してくれたね〉

沈黙が続き,そのあと,

リョウコ:「先生どうして怒らないの? 私何回も同じ失敗している。先生の気持ちもわかってなかったし,何も考えてなかった」

と,言った。

Co:〈怒ってほしい?〉

リョウコ:「先生が無理していないと私は思う。先生は怒らないって決めてるの?」

Co:〈違うよ,怒るときは怒る。今は怒らない。どうしてだと思う?〉

リョウコ:「私を信じようとしてくれてるから?」

リョウコは相手の気持ちになれる,共感することのできる子なんだ,そんな素朴な感情がCoに生じた。問題行動を繰り返すことに正面から向きあっていくことをリョウコと確認しあい,リョウコが自分から話してきたこと,また現時点では事実の確認ができないこともあり,リョウコとは誰にも言わない約束をしてその日の面接は終える。さらに今回のことは,黙っていればわからないかもしれないことを自ら語ってきたには,Coを試したのではないかとさえ思われた。数日後,学校の近辺で,カツアゲの被害が続き,学校側がリョウコに注目しているという情報が入った。Coから近辺での被害届けの話をリョウコに確認したが,リョウコはそれは違う,自分はやってない,と話した。そしてせきを切ったように,

リョウコ:「本気に絶対にもうしない。だか

ら先生聞いてほしい」

と，言って，実は万引きは，当市に越してからも，それまでにもすでに数回していたけれど，今回初めて見つかったことを打ち明けた。だけど前にCoにうち明けて以来，恐喝などは一切していないと言った。

Co：〈正直だね，リョウコさんは。言わなければわからないことを話してくれて。それによく決心したね。先生はずっと信じていたし，これからも信じている。信じ続けているからね〉〈いっしょにやってみようよ〉

さまざまな状況が想定され，事実確認には至らないが，リョウコが自覚的に悩み，助けを求める姿に，その基本的潜在能力を感じ，徹底的に信じ通す者の存在が必要と感じた。翌月に，

リョウコ：「先生，話があるの。悪いことなの。先生，私たち悪いことした。すごい悪いことしてしまった」

と，いきさつを話しはじめる。リョウコとL子とM子の三人で，昨日夕方，リョウコ宅で酒を飲み，その後公園で酔っ払ったL子が暴れてタクシーの運転手さんにも乱暴をして，そのうちパトカーも来た。

リョウコ：「だけど先生，約束は絶対に守ってるから，絶対に万引きはしてないから」

Co：〈それにしても，そんなに大酒飲んで死なずに生きててよかった〉

リョウコ：「死ぬなんて先生おおげさだわ」

Co：〈私はそうは思わないわ。子どもが飲んだらそれだけ危険だからこそ，飲んではいけないことになっているのと違う？ でもほんとに，無事でよかった。それに正直に話してくれた〉

リョウコ：「先生，私やりたいことできたのに，もうこんなことあったから，もうダメだろうか」「学校にもお母さんにも絶対に話さないでほしい」

こうして，この日初めてリョウコは自分の進路について言葉にする。リョウコには，

Co：〈1日も早く学校に行って自分の口から今回のことを話し，今の気持ちも伝えたほうがいい。もしも一人で行きにくかったら私がいっしょに行ってもいい〉

と，伝える。

リョウコ：「今日はどうしても行けない。もうちょっとだけ待ってほしい。本当にいっしょに行ってくれる？」

結局，学校には別に情報が入っており，その直後「できるだけ早くリョウコを登校させてほしい。きちんと指導したい」との連絡が入った。Coからはリョウコの気持ちを受けとめながらの指導をお願いし，翌日まで待ってほしいとお願いしたが，結局その日のうちに，担任や生徒指導の教員がリョウコ宅を家庭訪問し，指導があった。

リョウコ：「私は，絶対にシンナーはしてないのに，学校の先生たちは，シンナーしてるだろうって言って，何回違うと言っても信じてもらえない。ほんとに怖い顔して私のことにらんで，私のこと疑って……」

と，泣きながら訴えた。

Co：〈そう，辛かったね，違うことは違うって言えてよかったね。それでいいと思うよ。でも自分のしたことで悪いことはきちんと話せた？〉

リョウコ：「うん，だけどそれもほんとうに悪いと思っているのか。そうは見えない，とか言われて……」

Co：〈まあ粘り強くいこうか〉

学校のリョウコへの理解抜きには，リョウコの立ち直りは難しいと考え，リョウコの心を守りながら，学校との連携もより緊密にとっていくことにした。KFD③とKSD⑤を実施した。実施方法は，KFDの終了後引き続いてKSDを実施した。

〈第Ⅲ期〉（#22〜#26）**カウンセラーとクライエントの共感現象**

学校での指導のあったその日をきっかけに，リョウコは，学校の教員や生徒への不満や批判を何度も繰り返すようになった。

リョウコ：「先生たちは人を疑うことしかしない。初めから悪い子だと思っている。何も聞いてくれない。だから私も言おうとも思わない。学校には友だちなんかいない。あのまま学校に行っていたらもっといじめられた。もっとひどい目にあっていた。学校に行っても今まで何もいいことなんかなかった。悪いことばっかりやった。L子もM子も悪いことはするけど，友だちを絶対裏切らない。だから誘われたら私も断れない」

リョウコは初めて何度も繰り返す反社会的行動，どうして友だちに巻き込まれていくかという話をした。その後も，リョウコの学校批判，学校の同級生批判やこれまでの阻害されたりいじめられたエピソードは続いた。Coは思わず，

Co：〈ひとりぼっちなんだね。寂しいんだね〉

と，言っていた。リョウコから返答はなかった。しばらく沈黙が続いた。リョウコのたとえようのない孤独感や絶望感や不安に気づいてから，同じ世界を漂った感覚をわずかに体験してから，Coの中に何かが生じた，何かが変わった。それまで，どうして何度も繰り返すのか，誘惑を断れないのか，そこまで自分をコントロールできないのか，学校批判ばかり繰り返しながら同じ失敗を繰り返すのかなど，さまざまなリョウコへのもどかしさが，リョウコの孤独や寂しさを感じてからリョウコの言動があるがままの二人の世界の流れの中に位置づいていった。

そして次第にリョウコは，子どもの頃から自分の体験した鮮烈ないじめや，両親の離婚から親戚を転々とするなかで感じた寂しさや，人が信じられなくなっていったことや，周囲と心のふれあえなかった自分について話すようになった。リョウコは心の底ではひとりぼっちで孤独だった。しかしそれを自覚的に体験することはなく，社会への反発や他人への攻撃となって表れていた。その後1か月ほど平穏な日が続いた。

またまた，リョウコはL子たちの誘いが断りきれず，スーパーで万引きをした。やはりまずは前の知人宅に電話が入ったが，この日その連絡を受けた母親がCoに電話をかけてきた。

母親：『先生，どうしましょう？』

Co：〈お母さんでなきゃダメ。リョウコさんはお母さんを待っているの。ずっと待っているのよ〉

母親：『でも，きっと来るな！って怒ります。拒否します』

Co：〈リョウコさんは待ってるのよ，お母さんを。今のお母さんの気持ち，不安な気持ちも，辛い気持ちもすごくわかる。だけどちょっとだけ勇気出して動いてみよう。ダメなら，一緒にまた考えればいい〉

こうして母親は初めてリョウコを迎えに行った。

〈第IV期〉（#27～#31）生い立ちや家族の問題を話し，進路を考え始める

面接でリョウコは，母のこと，妹のこと，これまでの転校を繰り返すなかでの辛かった出来事や自分の気持ち，進路のこと，家庭や学校での心の痛みやどうしようもない苛立ちを語った。リョウコは変わった。少なくともあの事件以来，母親が迎えに行って以来変わった。Coとの共感現象が一瞬かもしれないけれど生じてからリョウコは変わった。Coは実感としてそう感じるようになった。そうして，リョウコは小学生の頃から自分のとってきた反社会的な行動などについても話した。そして今一番思うのはやっぱり後悔ばかりで何もいいことはなかった。ただただ，せずにはいられなかった。止めるものが自分の中に何も働かなかった。だけどもう同じことはしたくない，と繰り返し話した。

リョウコ：「一つだけ夢がある。美容師にな

りたい。自分は小さいときから一つだけいつもほめられたことがある。それは人の髪の毛をさわってあげたとき」「だけどお金かかるし，お母さんがきっと反対する。それにあんなことしてしまったから，もう無理だわ」

　Co：〈お母さんに相談してみた？〉

　リョウコ：「しなくてもわかってる」

　Co：〈聞かないで決めてしまっていいの？確かめてみないとわからないんじゃないの。お母さんの気持ちは〉

　リョウコ：「父親のことは，なんとも思ってない。お父さんは，お小遣いをいっぱいくれるから，それだけの理由で会った。だけど私はこのことは父親には言わない。やっぱりお母さんに言う。言ってもいいのかな？」

　Co：〈そうだよ，ちょっとだけ勇気出して話してみようよ。〉

　Co は，リョウコと母親の並行面接が必要と考えた。そして，リョウコと母親の気持ちの直面化がすすみ，お互いに表現できる時期ではないかと考え，その環境調整ができてきていると判断した。リョウコが自分の気持ちを母親に伝えていく作業に取り組んだ。

　〔母子並行面接〕

　リョウコ：「お母さんは私のこと心配心配って外で言ってるみたいだけど，本当は自分のことが心配なのよ」

　母親：『違うよ。お母さんはほんとにリョウコのことが心配でたまらない。だけど先生（Co）とも話していてわかった。お母さん，ほんとはリョウコの気持ちがわかってなかったのかもしれない。ごめんね』

　リョウコ：「もう遅い，私がみんなあきらめてから，そんなのもう遅い」

　母親：『そしたらどうしたらいいの。お母さん，謝ってももう遅いのだったらどうしたらいいの』

　リョウコ：「そんなのわからない」

　母親：『お母さん今まで逃げてた。リョウコのこと迎えにも行かなかった。この前やっとわかった。だから遅いなんて言わないで。遅くないよ。お母さん今からでもできると思っている。やらせてほしい』

　リョウコ：「もう遅いのよ。もうどうにもならないことばっかり」

　しばらく，リョウコの沈黙が続き，母親は泣きながら何度もこれまで自分がリョウコのことから逃げていたことを話し，しかし一度も忘れたことはなかったとも話した。

　母親：『これからやり直したい』

　Co：〈リョウコさん，お母さんに話せてよかったね。きっとこれから一緒に考えていけそうだね〉

　リョウコ：「お母さんも寂しかった。しんどかった……」

　Co：〈そうだね。きっとたいへんだったと思うよ。ここまでがんばってこれたのも，やっぱりリョウコさんや妹さんがいたからじゃないかな〉

　このとき Co は，これまでみられなかった，母親の否定的な気持ちをくむというリョウコ自身の共感性，相手を思いやる能力が示されたように感じた。この第Ⅳ期では，母子並行面接が2回と，母親のみの面接が3回実施され，母親のリョウコ理解が促されていった。進路についても母親は，「リョウコの希望をかなえてやりたい。学費のことはなんとかしたい」と Co に語った。

〈第Ⅴ期〉（#32～#45）母子関係の改善や担任との交流の始まりから，対人不信が和らぐ時期

　リョウコは進路のことを学校に話してほしいと Co に言った。リョウコから直接伝えることをすすめるが，まずは Co から話してほしいと懇願した。リョウコの今の学校に対する自信のなさやその関係など状況判断し，Co から担任に連絡してリョウコの気持ちを伝えた。進路を

通してのリョウコとの愛情深いかかわりを強く依頼した。何度かのCoとの話し合いを通して，学校もようやく動き出し，例の事件以来学校を拒否していたリョウコだったが，進路指導を通して担任に少しずつ会えるようになった。進路が具体的にすすんでいき，次第にリョウコは安定していった。忙しい仕事の合間をぬって，母親のほうからCoに面接を申し出るようになり，昼休みに会社を抜けて面接に駆けつけた。進路や今後の生活について，母子関係を見直しながらリョウコの自己決定を支援していくことを確認しあった。秋には，希望していた美容専門学校にも母子で見学に行き，入学への準備を始めた。

リョウコ：「この頃ちょっとお母さんが違う。前よりわかってくれる」

冬休みに入る少し前，

リョウコ：「今までの失敗を取り返すためにも，3学期の始業式には登校したい」

という目標を宣言した。しかし，当日は朝から制服に着替えたが，どうしても登校できなかった。その後，2週間ほど保健室登校が続いた。

リョウコ：「どうしても教室に入れない。人が自分をみる視線が耐えられない。どうしたらいいの，先生」

Co：〈自分を殺して教室に入るのではなくて，自分に正直に入るんじゃなかったの？　無理をするのではなく，一つひとつの行動で自分を確かめているんじゃなかったの？〉

1月末，転入以来10か月ぶりに教室に入った。10か月ぶりのクラスは，

リョウコ：「みんなの視線がたまらなかった」

Co：〈すごいね。行けたね。それにみんなのほうを見る余裕もあったんだね〉

リョウコ：「そうだなあ，だんだん気にならなくなるかもね」

と，エネルギーの持続を示しはじめた。

結局，その後の学校側から，保健室よりは教室へ入るようにという強い指導があったが，時期尚早とのサインを出したリョウコの状態をCoから学校に伝えて，保健室と学級を適宜柔軟に使い分けながら登校することが受け入れられた。バウムテスト②を施行した。

リョウコは遅刻や早退や断続的な欠席をしながらも，登校を卒業まで続けた。希望の美容専門学校にも合格し，卒業式にも出席した。KFD④とKSD⑥を描いた。実施方法は，KFDの終了後引き続いてKSDを実施した。カウンセリングは終了した。

リョウコは専門学校入学後は，摂食障害や不眠症に悩まされ，Coに何度かSOSを出し，その都度支援も要したが，なんとか卒業した。科目試験が突破できず資格取得はできなかったが，卒業後，念願の美容関係の仕事に就いた。

## 描画の解釈

### ① バウムテスト（カウンセリング初期）

特徴的なのは，用紙を横向けに用いていること，木の描かれた領域が用紙の左下に偏在していることである。また，右側に湖を描き，幹の右側から出ている陰影の付加は，リョウコは「湖のそばの木が映っている」と話したが，木の分岐のようにもみえる。湖への投影には病理性というよりは，芸術志向性という見方ができる。空間図式的にみると，左を時間的推移の過去，空間的に内との仮説からは，過去から未来を，内から外をみているという解釈もできる。過去にとらわれ，内から外をみる，母性性に執着するリョウコの一面の表れともみられる。また，用紙の横向けの使用は，まわりの環境への合わせにくさの感覚ともとれるが，むしろ青年期前期の空間世界への逃避傾向とみられる。木のサイズはかなり小さく，外交的，能動的な行動をとるリョウコが，自己肥大型の行動とは異なり，リーダー性の低い，自己否定感や自信のなさが推察される。一方，木の大きさは小さい

が，木の輪郭の線の太さやタッチの強さから，リョウコの頑固に親に反発したり，校則や社会のルールに反発する姿がうかがわれる。さらに，幹や樹冠の陰影や，幹部から右に出た陰影の付加の幻想性からは，万引きを断れない，ムードや快楽への流されやすさが示唆されている。また，樹冠の波形からは，美容師を希望するリョウコの感受性や芸術的感覚がみてとれる。陰影からは，リョウコの不安や防衛がうかがわれるが，個性的，ムードに弱い，感受性の強さが投影されたリョウコのこのバウムテストからは，その問題行動が，逃避や脱落からというよりは，今の自分を再生したい積極的な意味も含まれているのかもしれない。

① バウムテスト（カウンセリング初期）

② バウムテスト
　　（カウンセリング後期）

　終結間近に描かれたバウムテストである。リョウコは「地面から伸びてきた木。まだ若い」と話した。1回目と同様に，用紙を横向きに使用し，左側に木が描かれている。しかし，木の大きさはかなり大きくなり堂々としてみえる。また，左下の位置は，左側の上下を使用する空間配置となっている。木の陰影はほとんどなくなり，切れ切れのラインが幹に描かれてはいるが，1回目にはなかった根が多少描かれている。実は4個描かれ，リョウコが，未来や将来に向けて目標や夢をもちはじめたことがうかがわれる。枝ぶりは描かれず，まだまだその実現には社会性を身につけていくことが必要かもしれないが，木のサイズが大きくなったことや，陰影がないことなどからは，リョウコの自信の回復やエネルギーの高まりが推察される。

② バウムテスト（カウンセリング後期）

過去から解放され未来に向かう姿ともみてとれよう。

### ③ KFD（カウンセリング中期）

最初にうつ伏せに横たわる自己像を描き，その全身は布団で包囲され，防衛や孤立感がうかがえる。次に妹像，最後に母親像を描いた。妹像は顔の表情がなく背面に描かれ，母親像は横向きで半身が描かれず，家族への否定感と家族から孤立したリョウコが示唆される。用紙の上部中央に大きく描かれたテレビ画面の番組の明るさからは，リョウコが外界からのエネルギーを取り入れようと，助けを求めているようでもある。そのテレビは未来や精神の領域である用紙中央上部に描かれている。

### ④ KFD（カウンセリング後期）

家族団らんの食事場面であるが，自己像と妹像は背面に描かれ，母親像は正面横向きに描かれている。背後のカーテンで母親が包囲され，リョウコの母親へのアンビバレントな気持ちが投影されている。この絵で興味深いのは，用紙の右上に，描かれた洗たく物である。PDIでリョウコは，洗濯済みのものと説明し，これからやり直していく，再生していくリョウコの将来を示唆するようでもある。

前回，KFD③で，上部に大きく位置したテレビは用紙全体からはみ出し，家族が用紙の中心に描かれている。

③ KFD（カウンセリング中期）　　　　④ KFD（カウンセリング後期）

## ⑤ KSD（カウンセリング中期）

　授業風景であり，学校のようでもあるがリョウコは，適応指導教室と説明した。友だち像と自己像ともに背面で描かれ，否定的，防衛的な表現との見方もあるが，授業場面を形式的に描写したものともみられる。自己像が最後に描かれ，リョウコの学校場面での否定感や自信のなさがうかがえる。先生像は表情も柔らかく描かれ，リョウコの適応指導教室の指導員への親近感が推察される。

## ⑥ KSD（カウンセリング後期）

　体育の授業場面であるが，いかにも小さく丸まった自己像からは，リョウコの自信のなさや緊張感がうかがえる。友だち像と先生像は何重にもコートのラインで包囲されている。テニスという球技からは，多少の攻撃性もうかがえるが，徐々にエネルギーが回復し，対人関係のコミュニケーションの展開がうかがえる。

　体育授業に出ることのできなかったリョウコが，見学という形で球技に参加しようとする，人物間の肯定的な相互交流がうかがわれる。

⑤ KSD（カウンセリング中期）　　　　　⑥ KSD（カウンセリング後期）

# 参考・引用文献

Allen, R. M. 1970 A commentary on Rorschach's test. The manuscript of the lecture in Kochi, Dec, 30.

青木健次 1986 バウムテスト 臨床描画研究, I (描画テストの読み方), 68-86.

Appel, K. E. 1931 Drawing by children as aids in personality studies. *American Journal of Orthopsychiatry*, **1**, 129-144.

アヴェ＝ラルマン, U. 渡辺直樹・坂本堯・野口克己（訳）投影描画法テスト研究会（責任編集） 2002 バウムテスト――自己を語る木：その解釈と診断 川島書店 (Ave-Lallemant, U. 1976 *Baum Tests*. München: Ernst Reinhardt Verlag.)

Axline, V. M. 1969 *Play Therapy* (rev. ed.). Boston: Houghton Mifflin.

米国スクールカウンセラー協会, 中野良顕（訳） 2004 スクール・カウンセリングの国家モデル――米国の能力開発型プログラムの枠組み 学文社

ボーランダー, K. 高橋依子（訳） 1999 樹木画によるパーソナリティの理解 ナカニシヤ出版 (Bolander, K. 1977 *Assessing Personality Through Tree Drawing*. Basic Books.)

Brannigan, G. G., Schofield, J. J. & Holtz, R. 1982 Family drawings as measures of interpersonal distance. *The Journal of Social Psychology*, **117**, 155-156.

Buck, J. N. 1948 The H-T-P Technique: A qualitative and quantitative scoring manual. *Journal of Clinical Psychology*, **4**, 317-396.（加藤孝正・荻野恒一（訳） 1982 HTP診断法 新曜社）

Buck, J. W. & Hammer, E. F. (Eds.) 1969 *Adovances in House-Tree-Person Techniques: Variation and Applications*. Los Angeles: Western Psychological Service.

Burns, R. C. 1982 *Self-Growth in Families: Kinetic Family Drawings (K-F-D): Research and Applications*. New York: Brunner/Mazel.

バーンズ, R. C., 橋本秀美・伊集院清一・黒田健次・塩見邦雄（訳） 1997 動的 H-T-P 描画診断法 星和書店 (Burns, R. C. 1987 *Kinetic-House-Tree-Person Drawings (K-H-T-P): An Interpretative Manual*. New York: Brunner/Mazel.)

Burns, R. C. & Kaufman, S. H. 1970 *Kinetic Family Drawings (K-F-D): An Introduction to Understanding Children through Kinetic Drawings*. New York: Brunner/Mazel.

バアンズ, R, C., カウフマン, S, H. 加藤孝正・伊倉日出一・久保義和（訳） 1975 子どもの家族画診断 黎明書房 (Burns, R. C. & Kaufman, S. H. 1972 *Actions, Styles and Symbols in Kinetic Family Drawings (K-F-D): An Interpretative Manual*. New York: Brunner/Mazel.)

Di Leo, J. H. 1970 *Young Children and Their Drawing*. New York: Brunner/Mazel.

Di Leo, J. H. 1973 *Children's Drawing as Diagnostic Aids*. New York: Brunner/Mazel.

Di Leo, J. H. 1977 *Child Development: Analysis and Synthesis*. New York: Brunner/Mazel.（白川佳代子・石川元（訳） 1999 絵にみる子どもの発達――分析と統

合　誠信書房)

Erikson, E. H.　1959　Identity and the life cycle. *Psychological Issues*, **1**, 1-171. New York: International Universities Press.

Erikson, E. H.　1979　One more the inner space. In J. H. Willams (Ed.), *Psychology of Women*. New York: W. W. Norton.

フェルナンデス, L.　阿部恵一郎（訳）　2006　樹木画テストの読みかた――性格理解と解釈　金剛出版（Fernandez, L.　2005　*Le Test de L'arbre. Un Dessin Pour Comprendre et Interpreter*.）

藤掛明　1999　描画テスト・描画療法入門　金剛出版

ファース, G. M., 角野善宏・老松克博（訳）　2002　絵が語る秘密――ユング派分析家による絵画療法の手引き　日本評論社（Furth, G. M.　1988　*The Secret World of Drawings: Healing through Art*. Boston: Sigo Press.）

Goodenough, F. L.　1926　*Measurement of Intelligence by Drawings*. New York: World Book Company.

Hammer, E. F.　1971　*The Clinical Application of Projective Drawings*. Springfield, IL: Charles C. Thomas.

Harris, D. B.　1963　*Children's Drawings as Measures of Intellectual Maturing*. New York: Harcourt, Brace and World.

橋本秀美　1991　家族・学校動的描画法の研究――その発達的推移と学校不適応児の描画特徴　兵庫教育大学修士論文

橋本秀美　1998a　心理治療と教育的支援の統合的アプローチについて　学校教育相談研究, 第7, 8合併号, 103-112.

橋本秀美　1998b　動的家族画, 動的学校画をとおした不登校生徒の理解と治療過程について　応用教育心理学研究, **14**, 19-23.

橋本秀美　1999a　21世紀に望まれるスクールカウンセラー：誰がスクールカウンセラーになれるか　平成11年度文部省科学研究費補助金研究成果公開促進費「研究成果公開発表(B)補助事業」

橋本秀美　1999b　心理臨床と学校教育の統合的アプローチを試みた一事例――家族・学校動的描画法を用いて　応用教育心理学研究, **15**, 11-16.

橋本秀美　1999c　対人関係に悩む青年期男子生徒へのカウンセリング――心理と教育の統合的支援を通しての自己変容過程　応用教育心理学研究, **16**, 31-40.

橋本秀美　2000　学校心理士資格認定委員会企画シンポジウム――「学校心理士と教育現場」についての考察　教育心理学年報　第39集　pp. 37-41.

橋本秀美　2001a　独立した教育相談体制の確立をめざして　学校教育相談, 2月号, 14-17.

橋本秀美　2001b　学校カウンセリングの現状と今後の課題　応用教育心理学研究, **18**, 18-25.

橋本秀美　2001c　これからのスクールカウンセリング　塩見邦雄（編）　スクールカウンセリング――その理論と実践　ナカニシヤ出版　pp. 57-85.

橋本秀美　2001d　事例編　塩見邦雄（編）　スクールカウンセリング――その理論と実践　ナカニシヤ出版　pp. 86-97.

橋本秀美　2001e　実践編　塩見邦雄（編）　スクールカウンセリング――その理論と実践　ナカニシヤ出版　pp. 24-56.

橋本秀美　2001f　総合的考察　塩見邦雄（編）　スクールカウンセリング――その理論と実践　ナカニシヤ出版　pp. 121-139.

橋本秀美　2002a　学校現場で役立つカウンセリングの技法――表現療法の立場から

日本教育心理学会第44回総会発表論文集, 22-23.

橋本秀美　2002b　適切な対人関係を築く学校教育――幼稚園，小学校下学年，上学年，中学生　児童心理, 1月号, 50-54.

橋本秀美　2004a　描画研究と描画にみられる共感性を捉える尺度の開発　応用教育心理学研究, **20**(2), 12-21.

橋本秀美　2004b　描画における共感性に関する臨床心理学的研究　風間書房

橋本秀美　2004c　描画特徴と親和傾向との関係についての研究――青年期女子を対象にして　臨床描画研究, Vol.19（子どもの臨床現場での描画臨床――虐待事例を中心に）, 134-147.

橋本秀美　2004d　子どもの発達段階に応じた関係づくり　児童心理, 4月号, 16-21.

橋本秀美　2005a　肯定・否定感情に着目した共感性尺度の開発　心理臨床学研究, **22**(6), 637-647.

橋本秀美　2005b　描画における人物像の顔の方向と共感性との関連　心理臨床学研究, **23**(4), 412-421.

橋本秀美　2005c　描画テスト・描画療法展望――学校教育臨床での使用を中心に　梅花女子大学大学院心理教育相談センター紀要　創刊号　pp. 9-18.

橋本秀美　2007　描画の専門家が描画から共感性を捉える視点についての研究――描画者の肯定・否定感情に対する共感性に違いに着目して　臨床描画研究, **22**, 128-145.

橋本秀美　2008　動的家族画と動的学校画における包囲・区分の出現とその解釈について　日本描画テスト・描画療法学会第18回大会抄録集　p. 33.

橋本秀美　2009　動的家族画に描かれたきょうだい数と実際のきょうだい数の違いと，動的家族画に描かれた友人数との関連について　日本描画テスト・描画療法学会第19回大会抄録集　p. 34.

橋本秀美・小林剛　1997　不登校生に対する心理臨床的支援と教育的支援の統合的アプローチ　武庫川女子大学大学院臨床教育学研究　40集, 111-142.

橋本秀美・塩見邦雄　2001　教育心理学と実践活動――スクールサイコロジスト（学校心理士）と教育実践　教育心理学年報　第40集　pp. 177-189.

橋本秀美・塩見邦雄　2002　共感性尺度と描画特徴の関係についての研究　臨床描画研究, **17**, 126-139.

Hulse, W. C.　1951　The emotionally disturbed child draws his family. *Quarterly Journal of Child Behavior*, **3**, 152-174.

Hulse, W. C.　1952　Childhood conflict expressed through family drawings. *Journal of Projective Techniques*, **16**, 66-79.

林勝造・一谷彊（編）　1973　バウム・テストの臨床的研究　日本文化科学社

日比裕泰　1986　動的家族描画法（K-F-D）――家族画による人格理解　ナカニシヤ出版

加藤孝正　1986　動的家族画（KFD）　臨床描画研究, I（描画テストの読み方）, 87-104.

家族画研究会（編）／日本描画テスト・描画療法学会（編）　1986-2008　臨床描画研究, 1～23　金剛出版・北大路書房

Kellogg, R.　1969　*Analyzing Children's Art*. National Press Book. Mountain View, CA: Mayfield.

桐原葆見　1944　精神測定　三省堂

Klepch, M. & Logie, L.　1982　*Children Draw and Tell*. New York: Brunner/Mazel.

ノフ, H. M., プラウト, H. T.　加藤孝正・神戸誠（訳）2000　学校画・家族画ハンドブック　金剛出版（Knoff, H. M. & Prout, H. T. 1985 *Kinetic Drawing System for Family and School: A Handbook*. Western Psychological Service.）

小林重雄　1977　グッドイナフ人物画知能検査ハンドブック　三京房

小林重雄　1989　グッドイナフ人物画知能検査の臨床的利用　三京房

Koch, K.　1949　*Der Baum Test: Der Baumzeichenversuch als psyhodiagnostisches Hilfsmittel*. 1st Ded., Bern: Hans Huber.

コッホ, C.　林勝造・国吉政一・一谷彊（訳）　1970　バウム・テスト——樹木画による人格診断法　日本文化科学社（Koch, C.　1952　*The Tree Test: The Tree-drawing Test as an Aid in Psychodiagnosis*. Bern: Hans Huber.）

コッホ, R.・林勝造・国吉政一・一谷彊（編）　1980　バウム・テスト事例解釈法　日本文化科学社

Koppitz, E. M.　1968　*Psychological Evaluation of Children's Human Figure Drawings*. New York: Grune and Strattion.

レヴィン, K.　猪股佐登留（訳）　1956　社会科学における場の理論　誠信書房（Lewin, K.　1951　*Field Theory in Social Science*. Harper.）

待島浩司　2004　児童期・思春期・青年期心身症の治療における絵画療法　飯森真喜雄・中村研之（編）　絵画療法Ⅰ　岩崎学術出版　pp. 53-72.

マコーバ, K.　深田尚彦（訳）　1998　人物画への性格投影（描画心理学双書第1巻）黎明書房（Machover, K.　1949　*Personality Projection in the Drawing of the Human Figure*. U. S. A: C. C. Thomas.）

Meyers, D.　1978　Toward an objective evaluation procedure for the Kinetic Family Drawing (KFD). *Journal of Personality Assessment*, **42**, 358-365.

宮川香織　2004　子どもの問題行動と絵画療法　飯森真喜雄・中村研之（編）　絵画療法Ⅰ　岩崎学術出版社　pp. 13-33.

村山久美子　1999　心を描く心理学——アートセラピー表現に見られる青年の心　ブレーン出版

ナンバーグ, M.　中井久夫（監訳）　内藤あかね（訳）　1995　力動指向的芸術療法　金剛出版（Naumburg, M.　1966　*Dynamically Oriented Art Therapy: Its Principles and Practice*. Grune and Stratton.）

O'Brien, R. O. & Patton, W. F.　1974　Development of an objective scoring method for the Kinetic Family Drawing. *Journal of Personality Assessment*, **38**, 156-164.

岡堂哲雄（編）　1998　スクール・カウンセリング——学校心理臨床の実際　新曜社

オスター, G. D., ゴウルド, P.　加藤孝正（監訳）　2005　描画による診断と治療　黎明書房（Oster, G. D. & Gould, P.　1987　*Using Drawings in Assessment and Therapy*. Brunner/Mazel.）

Prout, H. T. & Celmer, D. S.　1984　School drawings and academic achievement: A validity study of the Kinetic School Drawing technique. *Psychology in the Schools*, **21**, 176-180.

Prout, H. T. & Phillips, P. D.　1974　A clinical note: The Kinetic School Drawing. *Psychology in the Schools*, **11**, 303-306.

Reynolds, C. R.　1978　A quick-scoring guide to the interpretation of children's Kinetic Family Drawings (KFD). *Psychology in the Schools*, **15**, 489-492.

Reznikoff, M. & Reznikoff, H. R.　1956　The family drawing test: A comparative study of children's drawings. *Journal of Clinical Psychology*, **12**, 167-169.

Sarbaugh, M. E. A.　1982　*Kinetic School Drawing (KSD) Technique*. Illinois School Psychologists' Association Monograph Series, **1**, 1-70.

田上不二夫　1999　実践スクール・カウンセリング——学級担任ができる不登校児童・生徒への援助　金子書房

高橋雅春　1967　描画テスト診断法——HTPテスト　文教書院
高橋雅春　1974　描画テスト入門——HTPテスト　文教書院
高橋雅春　1986　HTPPテスト　臨床描画研究, I（描画テストの読み方）, 50-67.
高橋雅春・高橋依子　1986　樹木画テスト　文教書院
高橋雅春・高橋依子　1991　人物画テスト　文教書院
高橋雅春・高橋依子　1993　臨床心理学序説　ナカニシヤ出版
高橋依子　1986　描画テストの実施法　臨床描画研究, I（描画テストの読み方）, 130-138.
高橋依子　1994　家族描画にみる健康と健康障害　岡堂哲雄（編）現代のエスプリ別冊（精神療法の探究）　至文堂　pp. 124-138.
高橋依子　1997　描画テストの基礎　関西描画テスト描画療法研究会ワークショップ
高橋依子　1998　描画テストの基礎理論と解釈　兵庫県臨床心理士会第9回研修会
高橋依子　1999　ボーランダーの「樹木画によるパーソナリティの理解」　日本描画テスト・描画療法学会第9回大会ワークショップ
高橋依子　2000　学校で描画を用いるために　臨床描画研究, XV（学校臨床と描画）, 99-105.
高橋依子　2006　臨床場面での樹木画テストの活かし方　熊本・鹿児島臨床描画研究会
高橋依子　2007a　アセスメントとしての描画テスト　甲子園大学発達・臨床心理センター紀要　2　pp. 5-14.
高橋依子　2007b　樹木画テスト　日本描画テスト・描画療法学会第17回大会ワークショップ
高橋依子　2007c　描画テストのPDIによるパーソナリティの理解——PDIからPDDへ　臨床描画研究, Vol.22（描画の読み解きとその治療的意義）, 85-98.
Wolff, W.　1949　Projective method for personality analysis of expressive behavior in preschool children. *Character and Personality*, **10**, 309-330.
山崎一馬　2004　言語の添え木としての描画療法　臨床描画研究, Vol.19（子どもの臨床現場での描画臨床——虐待事例を中心に）, 79-94.

**監修者**
**高橋依子**（たかはし よりこ）
1946年，京都市に生まれる。1969年京都大学文学部哲学科心理学専攻を卒業。1974年京都大学大学院文学研究科博士課程心理学専攻を修了。嵯峨美術短期大学専任講師・助教授・教授，甲子園大学人文学部教授，大阪樟蔭女子大学学芸学部教授を歴任。その間，1988年3月より1989年5月まで米国にて在外研究（ニューヨーク大学客員研究員）。文学博士。臨床心理士。日本描画テスト・描画療法学会会長（原稿執筆時）。
主な著訳書：『幼児の心理療法』（共著，1982年，新曜社），『樹木画テスト』（共著，1986年，文教書院），『人物画テスト』（共著，1991年，文教書院），『臨床心理学序説』（共著，1993年，ナカニシヤ出版），『樹木画によるパーソナリティの理解』（訳，1999年，ナカニシヤ出版），『子どものロールシャッハ法』（共著，2005年，金子書房），『ロールシャッハ・テスト解釈法』（共著，2007年，金剛出版）など。

**著　者**
**橋本秀美**（はしもと ひでみ）
1953年，兵庫県西宮市で生まれ育つ。京都大学卒業，兵庫教育大学連合大学院博士課程修了。博士（学校教育学）。上級職公務員や教育委員会指導主事として勤務した後，夙川学院短期大学教授，梅花女子大学・大学院教授，追手門学院大学心理学部・大学院教授，大阪樟蔭女子大学学芸学部・大学院教授を歴任。日本応用教育心理学会理事，日本学校教育相談学会兵庫県支部副理事長，学校心理士会兵庫県理事。日本児童青年精神医学会，日本心理臨床学会，日本教育心理学会，日本描画テスト・描画療法学会理事。日本学校教育相談学会第3回学会賞受賞。文部科学省被災地支援派遣スクールカウンセラー（2012年）・臨床心理士・学校心理士・認定スーパーバイザー等。
主な著書：『描画における共感性に関する臨床心理学的研究』（2004年，風間書房），『社会性の心理学』（共著，2000年，ナカニシヤ出版），『スクールカウンセリング——その理論と実践』（共著，2001年，ナカニシヤ出版），『学校の心理学』（共著，2004年，ナカニシヤ出版）など。


スクールカウンセリングに活かす描画法
──絵にみる子どもの心

| | |
|---|---|
| 2009年10月15日　初版第1刷発行 | 検印省略 |
| 2024年 2月28日　初版第6刷発行 | |

| | |
|---|---|
| **監修者** | 高 橋 依 子 |
| **著　者** | 橋 本 秀 美 |
| **発行者** | 金 子 紀 子 |
| **発行所** | 株式会社　金 子 書 房 |
| | 〒112-0012　東京都文京区大塚3-3-7 |
| | TEL03-3941-0111／FAX03-3941-0163 |
| | 振替00180-9-103376 |
| | URL　https://www.kanekoshobo.co.jp |

印刷・製本／藤原印刷株式会社

Ⓒ Hashimoto, H. & Takahashi, Y., 2009
ISBN978-4-7608-2628-5　C3011　　Printed in Japan